Yasmin Faslija, Markus von Hauff

KAMPFSPORT SPIELE FÜR KINDER

Grundlagen, Methoden, Praxis

pietsch

Einbandgestaltung: Patricia Braun, www.patriciabraun.de
Bildnachweis: Alle Fotos stammen von den Autoren.

ISBN 978-3-613-50870-5

Ein Unternehmen der Paul Pietsch Verlage GmbH & Co. KG
1. Auflage 2018

Sie finden uns im Internet unter: www.pietsch-verlag.de

Lektorat: Ulrike Ruh
Innengestaltung: Sabine Ufer, Leipzig
Druck und Bindung: Appel & Klinger Druck und Medien, 96277 Schneckenlohe
Printed in Germany

INHALT

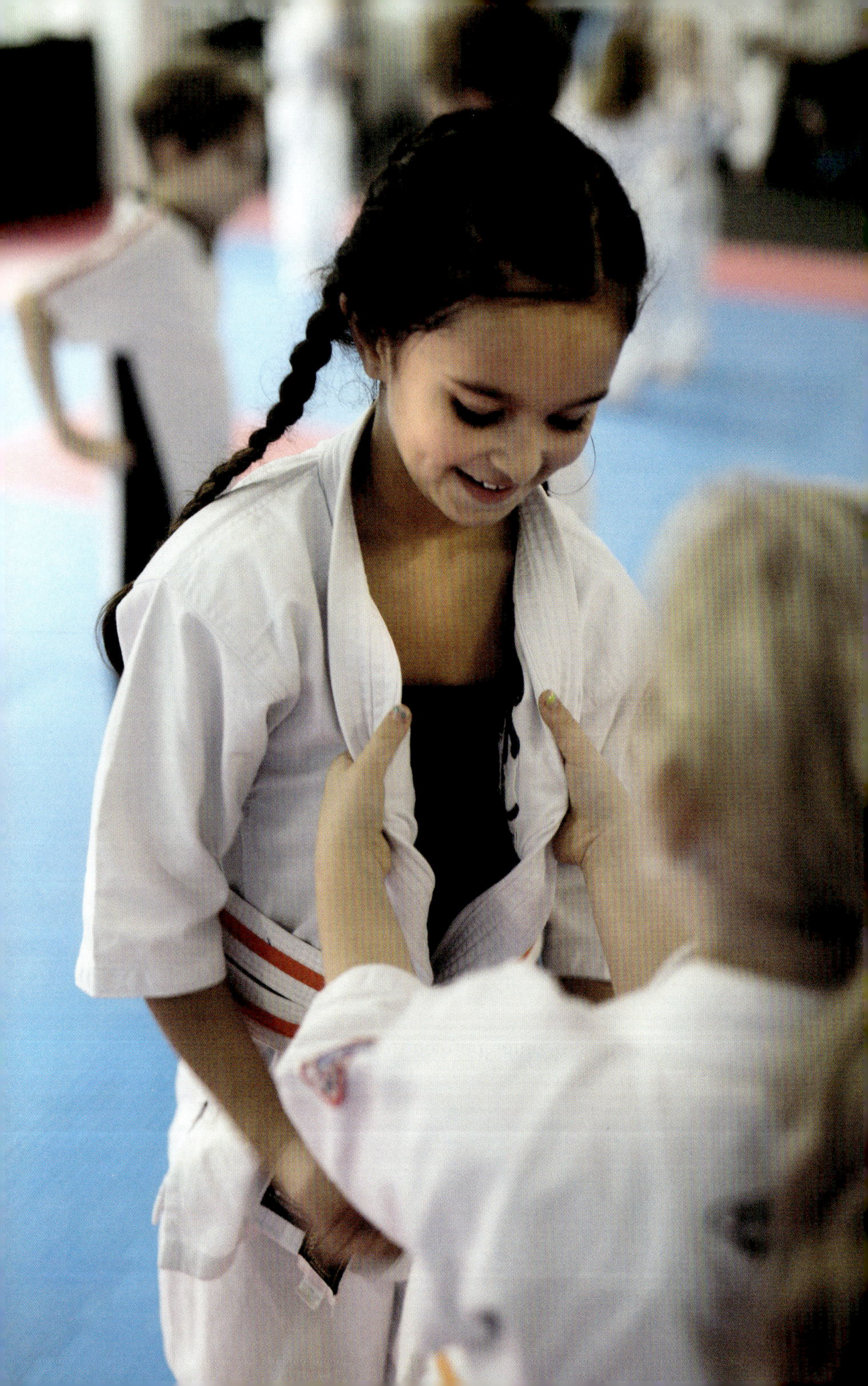

VORWORT

Was ist uns wichtiger, als dass unsere Kinder ein gesundes und starkes Selbstvertrauen entwickeln? Sie sollen sich durch die Herausforderungen des Alltags in Kindergarten, Schule, Ausbildung, Studium und Beruf angstfrei bewegen können. Wir wünschen uns, dass sie Freunde haben und soziale Kompetenzen erlernen. Erwiesen ist schon lange der Einfluss sportlicher Ertüchtigung auf die positive Intelligenzentwicklung im Kindesalter. Die neuronale Entwicklung eines Kindes wird durch den Sport stark gefördert. Spielerische Herausforderungen verhelfen ihnen dazu, mit Spaß und Konzentration beweglich zu bleiben, ihre Umgebung besser wahrzunehmen.

Unsere Bedenken als Eltern gehen häufig in eine Richtung: Wie selbstsicher ist mein Kind, wenn es »flügge« wird, also seine Umwelt weit außerhalb des schützenden Elternhauses erkundet? Positive Erfahrungen verhelfen Kindern und Jugendlichen, sich aufrecht und klar in ihrer Umwelt zu bewegen, Lagen einzuschätzen. Kampfsportspiele dienen auch als Dolmetscher in einer manchmal ernsten Lebenssituation. Es wird gerannt, gerollt, gehüpft, gezogen und gelacht. Die eigentliche Aufgabe – die der persönlichen Sicherheit – geht dabei nie verloren. Mit Spaß erlernte Bewegungen speichern sich bei Kindern immer besser ab als aufwendige Choreografien, die in mathematischer Präzision auswendig gelernt werden sollen.

Kann mein Kind einen Kampfsport ausüben und trotzdem die Kontrolle bewahren, wenn es provoziert wird? Ja, Kinder erlernen eine bessere Selbstkontrolle, wenn sie kampfsportlich trainiert sind. Trainierte Kinder wissen um ihre Verantwortung mit dem Gelernten, weshalb sie die Trainingszeit nutzen, um sich mit Hilfe von Spielen und Aufgaben unter Beweis zu stellen. Im Vordergrund stehen das Miteinander und der Respekt anderen Menschen gegenüber.

Durch das kindliche Messen, Rangeln und psychomotorische Bewegen regen diese Spiele an, dass sich Kinder über Verlustängste hinwegsetzen – andere lernen auch mal nicht der Beste in einer Gruppe zu sein. Man kann sagen, dass Kampfsportspiele eine Spaß-bringende Übersetzung des Gewinnens und Verlierens sein können. Sie werden vom reinen technischen Lernen abgelenkt. Zuvor unverstandene Bewegungen können durch das Spielen intuitiv umgesetzt werden.

Yasmin Faslija und Markus von Hauff haben sich durch langjähriges Arbeiten mit Kindern und Jugendlichen in diesem kompakten Handbuch den Kampfsportspielen gewidmet, um Lehrern, Sporttrainern, Pädagogen und Eltern die Möglichkeit an die Hand zu geben, das »Auspowern« der Kids zu erleichtern und dabei soziale Kompetenzen zu stärken. Beide bringen ihre Expertise als Pädagogin (B.A.) und Diplompädagoge ein und verbinden diese mit ihrer sportlichen Passion. Somit sind diese Spiele eine optimale Vorbereitung auf den eigentlichen Kampfsport. Durch Elemente der sozialen Gruppenarbeit werden die Kids zum Teamwork eingeladen. Vorurteile, Ressentiments, anstrengende Themen des Tages geraten in den Hintergrund. Die Kinder lernen sich mit ihren Stärken und Schwächen kennen, unterstützen sich als Teamplayer und üben Akzeptanz. Hierbei wird die Inklusion tatsächlich gelebt. Dieses Buch bietet durch seine einfache Struktur und die präzisen Spielanleitungen einen roten Faden, den Fachleute und Eltern sehr gut verstehen können.

Es ist die Vielfalt an Methoden, die einen guten Trainer auszeichnet, denn er kanalisiert spielerisch Regeln, Grenzen und Verhaltensweisen, die für das weitere Leben der Kinder eine große Rolle spielen werden. Die Frustrationstoleranz der Kids ist sehr unterschiedlich ausgeprägt. Bei meiner jahrelangen Arbeit in stationären Jugendhilfeeinrichtungen erlebte ich, dass die Toleranz bei manchen Jugendlichen nur wenige Momente andauern konnte, während andere konzentriert arbeiteten. Bewegungsspiele und klare Anleitungen verhalfen sogar verhaltensauffälligen Kindern zum gemeinsamen positiven Erleben und Aufgabenerfüllungen. Testen sie es aus und erleben das Gefühl des Kind-Seins gemeinsam mit ihren Kindern.

»Ein Kind ist kein Gefäß das gefüllt, sondern ein Feuer, das entzündet werden will.«

Francois Rabelais

September 2018
Bogac Demirer

Diplom Sozialpädagoge (BA)
Dozent an der Dualen Hochschule Baden-Württemberg (Fakultät Sozialwesen)
Gründer und Leiter der Krav Maga Union
Inhaber eines Sicherheitsunternehmens

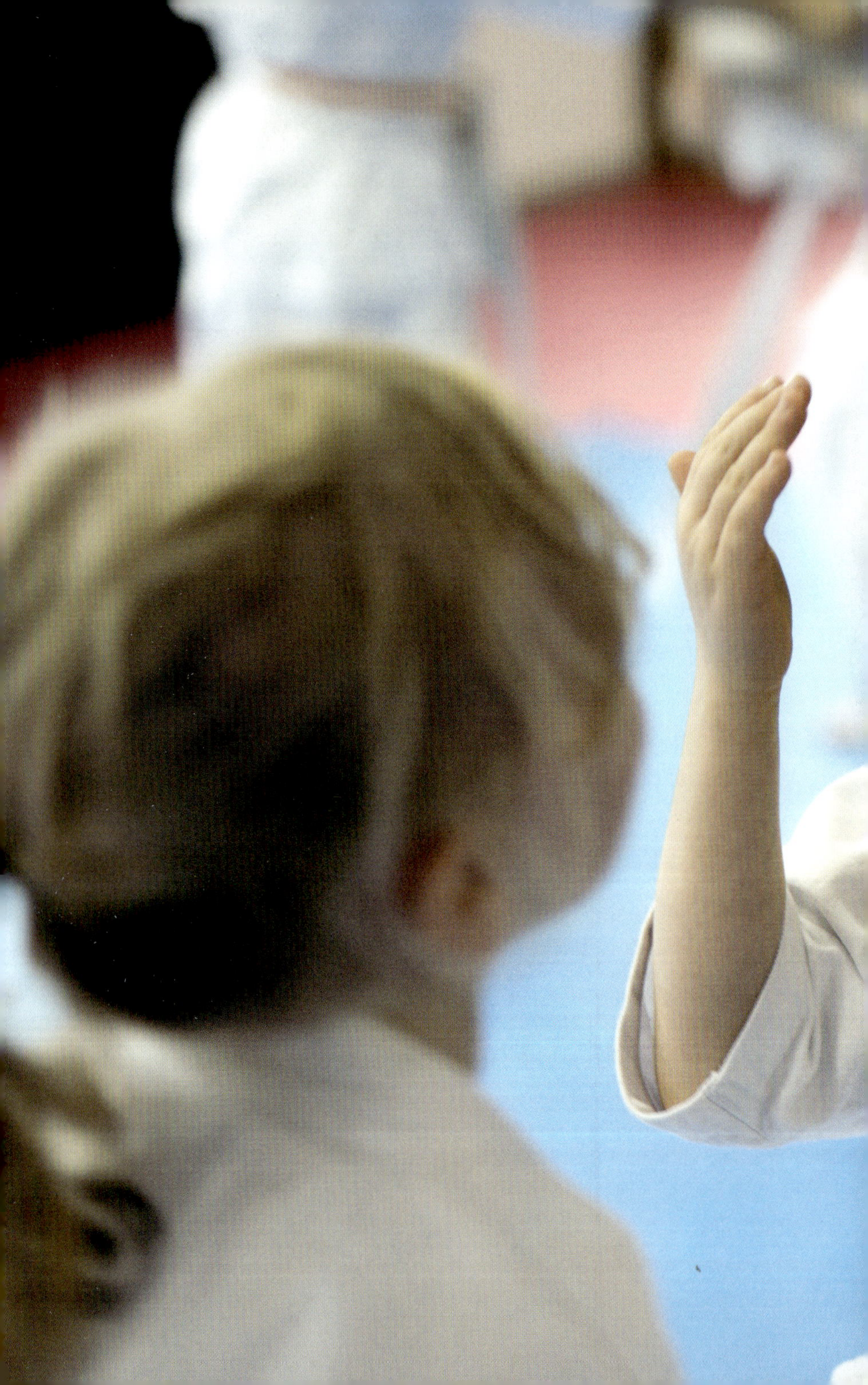

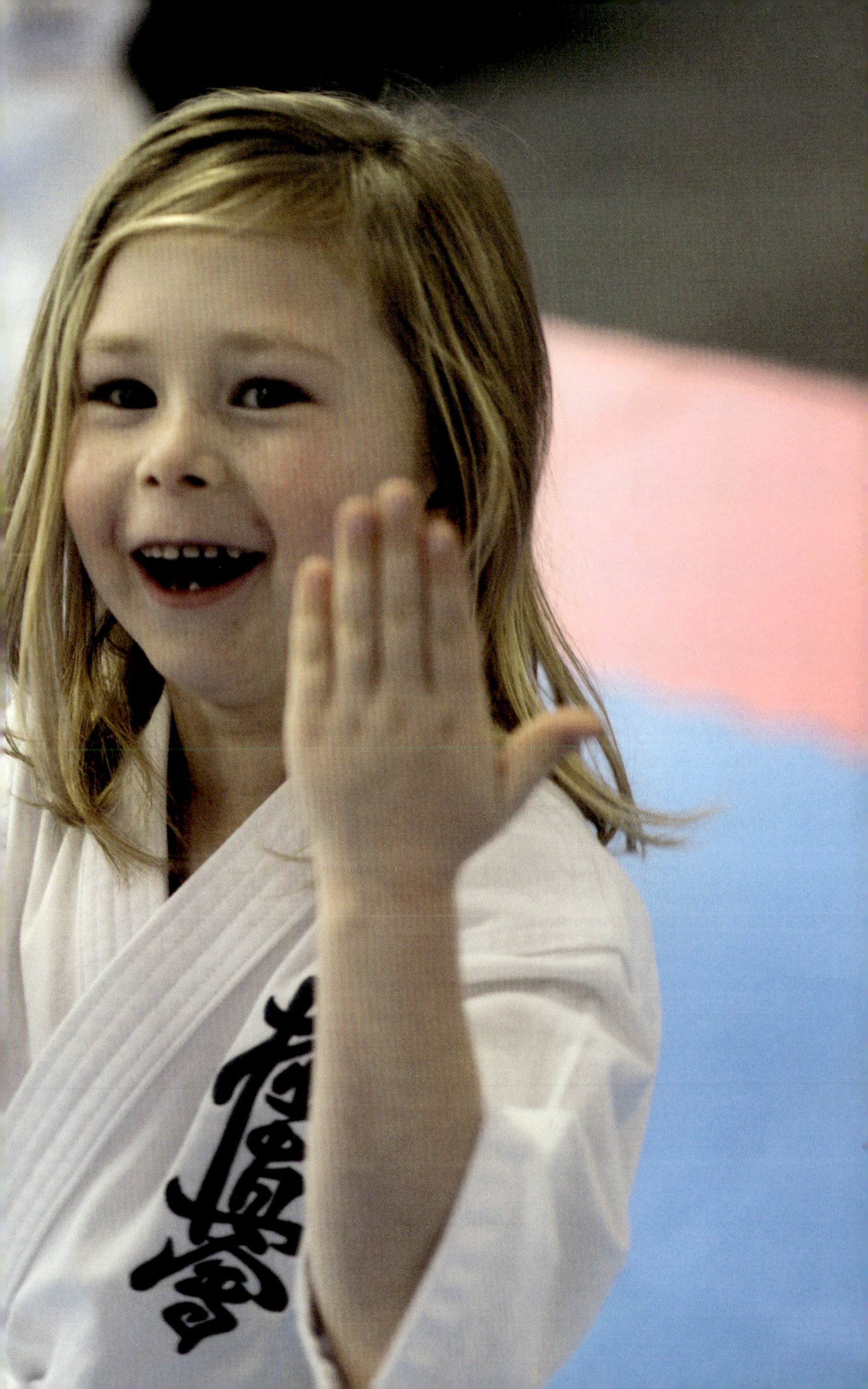

EINFACH MAL MACHEN LASSEN …

Wenn Erwachsene neue Fähigkeiten erwerben, ist dies oft mit einem strukturierenden Prozess verknüpft, der auf Basis geordneter Lernpläne und Lernmaterials gestützt wird und im besten Fall unter Führung eines anleitenden Trainers erfolgt. Ob im Beruf, in der Weiterbildung oder im Privaten, Neues soll gut aufbereitet und für uns leicht verständlich sein. Wechseln wir jedoch die Perspektive und denken zurück an die Kindertage, an Zeiten, in denen die Tage lang und aufregend waren, Routine ein Fremdwort, der Ablauf stets ein anderer war als geplant, so stellt man schnell fest, dass es sich bei vielen Fähigkeiten, über die wir bis heute verfügen, völlig anders verhielt. Die Lernwelt eines Kindes unterscheidet sich so fundamental, dass es für Pädagogen, Lehrer, Sporttrainer und Eltern gemeinhin eine Herausforderung darstellt, sich zurückzunehmen und die Kinder »einfach mal machen zu lassen«. Zu gerne stülpen wir unsere geistigen Raster über den Lernprozess in der Hoffnung, so Lerngeschwindigkeit, Menge der Lerninhalte, Lernerfolg und dessen Nachhaltigkeit zu steigern. Doch ganz gleich wie sehr wir uns auch bemühen, beseelt vom Willen, Kindern einen Raum für ihre persönliche Entfaltung zu schaffen, kommen wir an einer fundamentalen Erkenntnis nicht vorbei: Kinder lernen am besten wie Kinder! Was beim ersten Lesen als Selbstverständlichkeit anmutet, ist bei näherer Betrachtung ein gewaltiger Schritt für die moderne Pädagogik und steht vielfach im Gegensatz zum gelebten Schulalltag. Ob Zeitdruck, überfüllte Lehrpläne oder zu heterogene Klassen – für kindgerechtes Lernen bleibt vielerorts keine Zeit oder die Ressourcen sind nicht vorhanden. Dieses Buch hat es sich zur Aufgabe gestellt, hier eine Brücke zu schlagen und will alle diejenigen unterstützen, die sich dem kindgerechten Erlernen von Basisfähigkeiten rund um den Kampfsport verpflichtet fühlen. Darüber hinaus soll es Anregungen für den strukturierten Aufbau vielfältiger Kernfähigkeiten liefern, wie sie für alle Kampfsport-und viele andere Freizeitsportarten von Nutzen sind. Deshalb liegt der Fokus des Buches nicht auf dem Spezifischen, sondern auf den allgemein gehaltenen und interdisziplinären sportpädagogischen Ansätzen.

Neben allgemeinen Grundlagen zum kindgerechtem Lernen wird hier ein reichhaltiger Übungsteil präsentiert, der nach Lernzielen untergliedert ist und verschiedene Schwierigkeitsgrade unterscheidet. Dabei war bei der Übungsauswahl die Einfachheit der Spiele immer entscheidend. Durch die anschauliche Präsentation der Spiele in Text und Bild kann jeder Anwender die Übungen schnell umsetzen und je nach Gruppenstärke anpassen oder verändern.

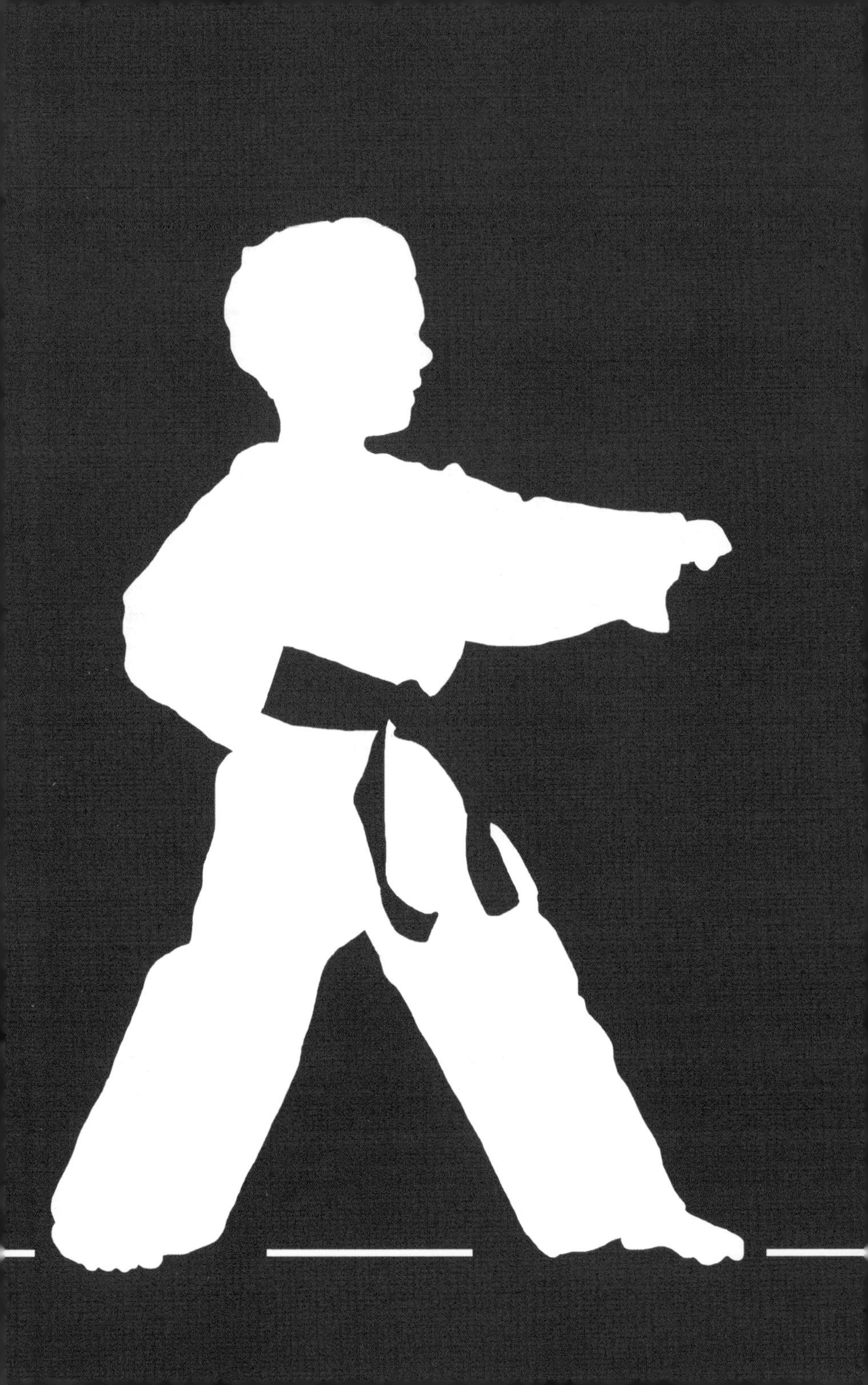

1. Grundlagen

Die Bedeutung des Spiels als Motor für kindgerechtes Lernen

Die Frage nach einer optimalen Lernumwelt und der Ausgestaltung von Lernprozessen ist viel diskutiert und nicht ohne Kontroversen. In unserer modernen Lebenswelt mit einer Vielzahl an frühkindlicher Förderung und der damit einhergehenden Vermarktung drängt sich die Frage nach dem Nutzen und der Sinnhaftigkeit mancher Entwicklungen auf. Ob es das Lernprogramm auf dem I-Pad für Dreijährige ist oder der Fremdsprachenunterricht ab dem ersten Schuljahr, vielfach scheinen die Angebote den Nachwuchs noch »besser und schneller« zu machen und setzen dabei immer früher an, stets mit dem Versprechen, gut und förderlich für die für kindliche Entwicklung zu sein. Doch unabhängig vom Alter und der Lebenssituation gilt für Kinder und Erwachsene das Gleiche, wenn es ums Lernen geht: Lernen muss Spaß machen, wobei man mit zunehmendem Lebensalter den Spaß ebenfalls zu gewissen Teilen durch Sinnstiftung ersetzen kann. Werden wir gezwungen etwas zu lernen, was uns nicht interessiert, beispielsweise Inhalte, die wir nur für eine Prüfung und dann nie wieder benötigen, so fällt uns das Erinnern daran wesentlich schwerer. Im besten Falle lernen wir freiwillig, weil es uns Freude macht und wir vor Neugier nach Neuem nicht davon ablassen können, uns ständig mit dem Lernstoff zu befassen. In gleicher Weise verhält es sich mit Kindern, wobei deren Erlebniswelt sich weniger am Nützlichkeitsprinzip moderner Arbeitsprozesse orientiert, als am spaßigen Miteinander und der Selbstentdeckung. Viele Eltern werden bestätigen, dass es zuweilen ein Kampf sein kann, Kinder auf einem Spielplatz davon zu überzeugen, dass es Zeit ist nach Hause zu gehen. Und auch die Zusage, das Spiel am nächsten Tag wieder an gleicher Stelle fortzusetzen, wirkt nur wenig erfolgreich. Warum ist das so? Spielplätze sind aus sportpädagogischer Sicht betrachtet der Hort zur Ausbildung essentieller körperlicher Grundfertigkeiten. Ohne es zu merken, üben sich die Kinder selbst in Balance, Körperkraft und -spannung, Schnelligkeit und Flexibilität. Oftmals bleibt uns Erwachsenen nur ein staunender Blick, wenn wir die Ausdauer und die schier grenzenlose Energie beobachten, mit der Kinder stundenlang spielen, rutschen, klettern und rennen. Bei derartigen Kräften, welche in den Kindern zu walten scheinen, ist der Sprung zur Sportpädagogik, sprich der zielgerichteten Ausbildung von Sportarten, nicht weit, was in folgender Überlegung mündet:

Wie kann man einen Unterricht so gestalten, dass alle teilnehmenden Kinder mit gleicher Begeisterung die vorgegebenen Übungen durchlaufen und dabei ganz unbemerkt gewisse Fähigkeiten aufbauen? Wäre man in der Lage, einen Sportunterricht wie einen geistigen Spielplatz aufzubauen, so versetzte dies Kinder in die Notwenigkeit, auch unbequeme Hürden zu überwinden, da das sichtbare Ziel als höherwertig angesehen wird. Ähnlich einer Rutsche, die man nur hinuntersausen kann, nachdem man vorher die Sprossen der Leiter nach oben erklommen hat. Ganz gleich, wie müde ein Kind bereits ist, wenn es rutschen will, wird es die Kraft in sich finden, ein weiteres Mal die Leiter zu erklimmen, um das Vergnügen auszukosten. Es ist das Spiel, das der Kleber für alles Lernen ist, denn die Motivation spielerischer Bewegung, des Wetteiferns und der Selbsterfahrung ist Antrieb und sinnstiftend zugleich. Was für uns Erwachsene vielfach geistig greifbar und rational begründbar ist, bedarf bei Kindern eines anderen, sprich informellen Lernweges. Umgangssprachlich ausgedrückt lernen Kinder dann am schnellsten und nachhaltigsten, wenn sie nicht merken, dass sie lernen. In der Konsequenz folgt daraus für den Pädagogen – und hiermit sind im Folgenden alle diejenigen gemeint, welche sich es zu Aufgabe gemacht haben, Kinder aktiv zu fördern – so viel Unterrichtsstoff wie möglich in spielerische Kontexte einzubetten. Mit zunehmendem Alter der Kinder und der daraus resultierenden, kontinuierlichen Steigerung des kognitiven Lernprozesses nimmt diese Notwendigkeit selbstredend ab, jedoch sind gerade Grundschulkinder in besonderem Maße darauf angewiesen, von der Lust am Entdecken und Spielen angetrieben zu werden. Wobei die Freude am kindlichen Spiel auch vor uns Erwachsenen zuweilen nicht Halt zu machen scheint. Somit lässt sich manches aus dem Übungskatalog analog auf das Training mit Jugendlichen oder erwachsenen Sportlern übertragen. In einem späteren Kapitel wird eine exemplarische Musterstunde für ein Kampfsport-Training beschrieben, welche Anhalt zur konkreten Planung und Durchführung bieten soll.

Das Spiel als Motor für Motivation

Treffen Kinder aufeinander, so dauert es nicht lange und es wird gespielt. Ganz gleich, ob auf langen Autofahrten, Kindergeburtstagen oder an der frischen Luft, wenn mehrere Kinder zugegen sind, so finden sie eine Möglichkeit sich spielerisch zu betätigen. Zwei der urtümlichsten und anscheinend niemals aus der Mode kommenden Formen davon sind das »Fangen« oder »Versteckspielen«, was wir vermutlich alle aus Kindertagen kennen. Stellvertretend für viele andere Spiele richten wir den Fokus aufs Fangen, allerdings aus sportpädagogischer Sicht. Hierfür benötigt man außer einigen Kindern nicht mehr als einen geeigneten Raum, der zum Ärger mancher Eltern auch schon mal das Wohnzimmer oder die Küche sein kann. Ist der Fänger ausgesucht, so beginnt die Jagd, wobei unterschiedliche Aufgaben auf die Gefangenen zukommen können, welche von der Gruppe meist vorher definiert werden. Da sich die Kinder nicht permanent in Bewegung befinden, wird bei diesem Spiel sehr viel kurze Distanz in hoher Geschwindigkeit überwunden und ausgewichen, was für einen Trainingseffekt hinsichtlich Schnellkraft, Explosivität und Wendigkeit führt. Ganz nebenbei und unter dem Gelächter des Vergnügens üben die Kinder sich in vielen Disziplinen, welche ein Sporttrainer mit einem komplexen Übungsaufbau nachstellen könnte. Der wesentliche Unterschied liegt darin, dass die Kinder nicht begreifen, dass sie sich in einem Training befinden. Fügt man der Szenerie einen Ball oder andere Gegenstände hinzu, entstehen automatisch andere Spielformen, mit der Konsequenz, zusätzliche oder andere Fähigkeiten zu verbessern. Solange der Spaß im Vordergrund steht und sich durch einen Wechsel des Spiels und der damit einhergehenden Belastung immer wieder neue Reize einstellen, sind fast alle Kinder für Bewegung immer aufs Neue zu begeistern. Es kommt also im Wesentlichen auf den Motivator, den Trainer an, ob er flexibel und mit einem großen Repertoire an vielseitigen Spielen und kleinen Wettkämpfen die Laune und Lust an der Bewegung als solche entfesseln kann. Das Feingefühl dafür, welches Spiel zur welcher Situation oder Gruppe passt, kann dieses Buch in Teilen vermitteln. Durch den nach Disziplinen gefächerten Übungsteil kann sich der Pädagoge die zum Lernziel oder der Gruppendynamik passende Übung herausgreifen.

Hierbei ist es nicht wichtig, ob das Spiel zum Aufwärmen, der Vorbereitung einer Kernfähigkeit oder als pädagogischer Brückenschlag genutzt werden soll. In der Übungsbeschreibung finden sich jeweils genügend Anstöße und Hilfestellungen, um den Unterricht durch die genannten Spiele aufzulockern und somit Freude und Lernen Hand in Hand gehen zu lassen.

Der Kampfsport-Trainer – Bezugsperson und Coach

Das Trainieren von Kindern ist etwas Besonderes, ein Quell der Freude und überwiegend mit sehr viel Lachen bis hin zu Freudentränen verbunden. Ganz gleich, welcher sportlichen Sparte ein Trainer angehört, dieses Phänomen ist omnipräsent, ob im Ballsport, Turnen oder eben Kampfsport. Das liegt an der einzigartigen Rolle, die der Trainer für die Kinder einnimmt. Gerade in Zeiten der Pubertät, der Phase in der Eltern wie aus heiterem Himmel »doof« werden, zeigt sich diese Sonderrolle auf ihre wunderbarste Weise. Für viele Kinder ist der Trainer weit mehr als ein Vermittler von Wissen, was besonders im Kampfsport mit der innewohnenden Thematik einhergeht. Aus diesem Grund ist es sinnvoll, einen Schritt zurückzutreten und die Person des gemeinen Trainers einmal aus der Distanz zu betrachten, nicht zuletzt um ihre Rolle und Funktion ganz zu erfassen und das Anforderungsprofil vollumfänglich zu definieren.

Was unterscheidet eigentlich einen Kindertrainer von einem Trainer, der sich Erwachsenen widmet? Die Antwort darauf ist schnell gefunden, nämlich dass seine Zielgruppe Kinder sind. Während wir vom einem Trainer für Erwachsenensport erwarten, dass er uns in seinen Fähigkeiten weit überlegen ist und auch über die nötige pädagogische Kompetenz verfügt, diese zu vermitteln, gibt es wenig, was wir darüber hinaus von einem Trainer auf Anhieb verlangen. Natürlich ist es angenehm, einen humorvollen und netten Trainer zu haben, aber oftmals sind es gerade die harten und fordernden Trainer, welche einen individuell oder als Mannschaft am weitesten bringen und kampfsportlich formen. Im Hinblick auf Kinder sind diese beiden Kernkompetenzen, die Fachkompetenz und die pädagogische Kompetenz, jedoch nicht ausreichend, um Kindern alle Aspekte des Kampfsports zu vermitteln. Wir müssen uns also vorab ein genaues Bild machen, was ein Kindertrainer überhaupt leisten können soll. Welche Fähigkeiten muss ein solcher Mensch in sich vereinen, um Kindern erfolgreich das beizubringen, was wir an der Reichhaltigkeit des Kampfsports so sehr schätzen.

Kampfsport und Wertevermittlung

Ein Kampfsport-Trainer für Kinder vermittelt Techniken, Disziplin, erzieht, internalisiert Werte, schafft Gemeinschaft, ist Vorbild und Idol zugleich, fördert Selbstvertrauen, hilft über Scheitern hinweg, definiert Ziele und hilft diese zu erreichen, unterstützt bei der Identitätsfindung und dem inneren Reifeprozess, vermittelt bei Problemen in der Schule und dem Elternhaus, stiftet Ehrgeiz und fördert den Willen zur Leistung, lehrt Bescheidenheit und Hilfsbereitschaft, schafft Kontinuität und einen Ort der Ruhe und Besinnung.

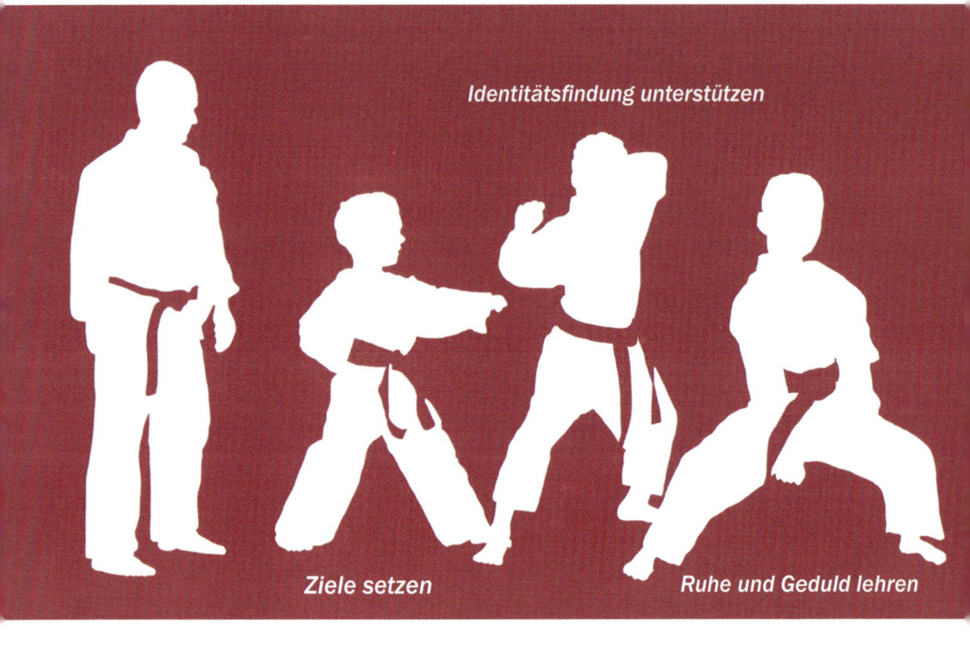

Sicherlich könnte man einige der Punkte auch auf Erwachsene beziehen, doch bei Kindern sind sie eine Notwendigkeit, da diese in ihrer Persönlichkeit nicht ausgereift sind und sie externe Faktoren der Orientierung benötigen. Zudem bringen Eltern eben diese Erwartungen an das Training mit, was sich implizit in der Aussage ausdrückt: »Ich möchte, dass mein Kind selbstbewusster wird!« Diese Vielschichtigkeit des Aufgabenfelds eines Kindertrainers lässt einen anderen Begriff aus der modernen Pädagogik als eher passend erscheinen, die des Coaches. Es ist diese »Begleiter-Funktion«, welche den Sporttrainer für Kinder ausmacht, ihn diese erziehen und reifen lässt. Aus diesem Grund ist ein grundlegendes Verständnis um die sportbedingte Psyche von Kindern unbedingt notwendig, da Kinder oftmals weniger rational als emotional und sehr subjektbezogen funktionieren.

Wer mit einem acht- oder neunjährigen Kind einmal Memory gespielt hat, wird schnell mit einer Tatsache konfrontiert, die bei Erwachsenen Frustration auslösen kann. Denn Kinder scheinen sich alles merken zu

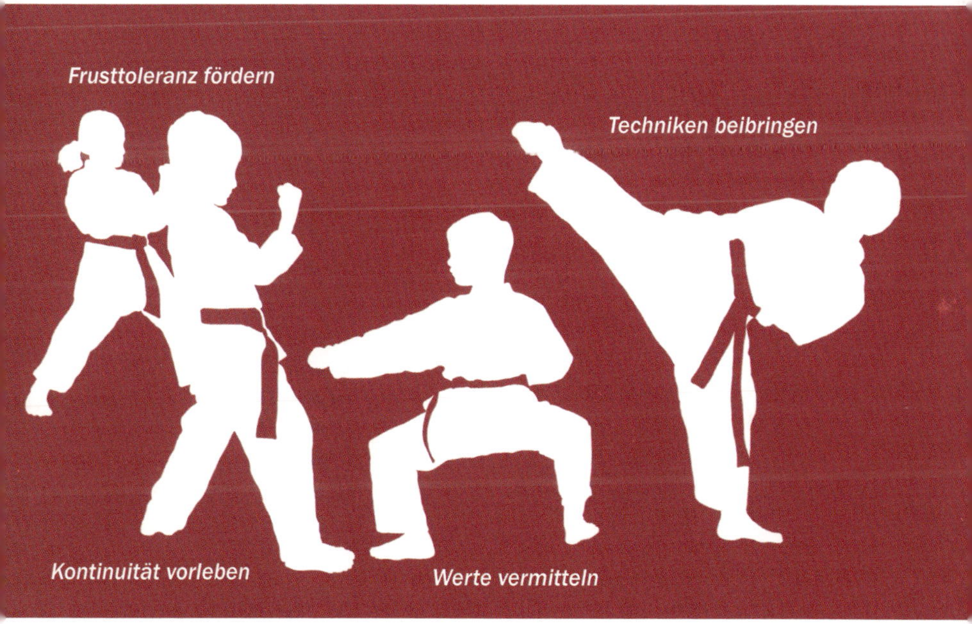

können, ganz gleich wie viele Kartenpaare auf dem Fußboden liegen, auf unverständlich magische Art und Weise schaffen es diese kleinen Wunderwesen immer wieder aufs Neue, uns mit ihrer Merkfähigkeit zu verblüffen. Doch was hat das Memoryspielen mit dem Kampfsport zu tun, besonders mit dem Alltag eines Trainers? Ist es um die Merkfähigkeit wirklich so gut bestellt? Bedenken wir die große Mühe, die wir aufwenden müssen, um Kindern einfache Formen detailgetreu beizubringen. Die Antwort hierauf ist zwiegespalten und sicherlich für jeden mit mehrjähriger Erfahrung im Kinder- und Jugendbereich wohlbekannt. Kinder haben ein fotografisches Gedächtnis für alle Dinge, welche sie begeistern und innerlich packen. Nicht selten können Kinder ganze Filme auswendig vorsagen, auch wenn es sich um die langatmigen Star-Wars-Filme in sechs Teilen handelt. Für uns als Pädagogen hat diese Eigenschaft eine ganz entscheidende Konsequenz, die zuweilen vernachlässigt zu werden scheint. Der Trainer muss zu jeder Zeit, wann immer Kontakt zum Kind besteht, ein Vorbild in Haltung, Sprache und Erscheinung sein. Gerade im Kampfsport hat die Tugend der Pünktlichkeit hohen Stellenwert, sodass sich der zu spät kommende Schüler zunächst am Mattenrand absetzt. Er darf dann entweder ins Training einsteigen, wenn der Trainer ihn explizit dazu auffordert oder aber das Training nur beobachten. Ähnlich verhält es sich mit dem Anzug, welcher sauber sein muss, der Gürtel richtig gebunden und an der richtigen Stelle geknotet. Solche Kleinigkeiten, die immer und immer wieder geübt und den Kindern als wichtig vermittelt werden, sind es, die den Kampfsport in der Erziehung so wertvoll machen. Doch sollte der Trainer selbst zu spät kommen und mit Kaffeeflecken auf dem Revers und schlecht sitzendem Gürtel die Matte betreten, werden die Kinder nichts sagen. Sie denken sich ihren Teil dazu, und später kommt es dann zum Vorschein, dann, wenn es um die eigene Abgrenzung und Rebellion gegenüber den Autoritäten geht. Dann steht man als Trainer auf verlorenem Posten. Analog gilt dieses Beispiel für das Rauchen oder den Genuss von Alkohol, die genutzte Sprache, Körperhygiene und einen respektvollen Umgang mit anderen Menschen. Kinder sind Schwämme, die alles in ihrer Umgebung aufsaugen. Sind die Eindrücke von außen erst einmal verdaut, dann werden sie implementiert und in das eigene Verhalten übertragen. Einmal festgefahrene Verhaltensmuster oder übernommene Wertevorstellungen sind kaum noch aus einem Charakter zu extrahieren, was die Verantwortung des modernen Kindertrainers unterstreicht. Besonders im Alter ab 10 Jahren, wenn die ersten pubertären Erscheinungen auftreten, gilt das in besonderem Maße. Die schwankende Natur des Kindes zwischen Ablehnung und der Suche nach konstanter Struktur stellt Eltern und Trainer vor eine schwierige Periode, in der nicht wenige mit dem langjährig geliebten und von Kindesbeinen an getriebenen Sport brechen. Gerade in dieser Phase der Orientierung und Hinterfragung alter Muster kommt dem Trainer die Rolle als Coach und Problemlöser vermehrt zu, was zuweilen sehr zeitaufwendig und kräftezehrend sein kann.

Da die Kinder aber nicht 24 Stunden am Tag dem Einfluss des Trainers ausgesetzt sind, ist es ebenfalls essentiell, auf einen weiteren Erziehungsfaktor einzugehen, auf den wir als Trainer großen Einfluss haben. Um nochmals das oben beschriebene Beispiel der Eltern aufzugreifen, die mit dem Wunsch nach mehr Selbstvertrauen für das Kind eine Kampfsportschule aufsuchen, gehören gerade Eltern von Anfang an eingebunden in den erzieherischen Anteil des Sportunterrichts. Kein Trainer kann in zwei oder drei Stunden die Woche richten, was Eltern in sechs Jahren Erziehung zu Hause »verkorkst« haben. Da die Erziehung vom Kampfsport wesentlich profitiert, ist es unabdingbar, die Eltern von Anfang an mit in die Inhalte des Trainings einzubauen. Nicht selten ist es genau dieser Wunsch nach Disziplin und Struktur für das Kind, warum sich Eltern gezielt den Kampfsport für ihre Kinder aussuchen. Deswegen müssen die Regeln der Kampfsportschule auch den Eltern erläutert werden, sie müssen diese mitleben und mit(er)tragen. Während des Angrußes darf kein Elternteil lauthals redend oder telefonierend am Mattenrand stehen und den Ablauf stören, und kleine Details müssen auch von den Eltern befolgt werden. Jegliche Diskrepanz im Verhalten zwischen Eltern und Kindern ist ruinös für nachhaltige Erziehung – eine Regel, die nur wenige Ausnahmen kennt. Die konsequente Einbindung von Eltern in den Erziehungsprozess ist ein hervorragendes Mittel dabei, Kindern auch abseits der Sportschule ein besseres Leben und mehr Sicherheit zu bescheren. Das mag für den einen oder anderen nicht ganz leicht sein und es erfordert auch ein gewisses diplomatisches Geschick, Eltern zu vermitteln, dass sie bestimmte Angewohnheiten ändern oder gar ablegen müssen. Mit dem Verweis auf die Bedeutung Ihres Verhaltens für die Erziehung, lassen sich die Eltern in vielen Fällen dafür gewinnen, dem Kind so ein festes und strukturiertes Wertegerüst zu vermitteln. Dieses gibt Halt und Orientierung in bewegten Zeiten und in emotionaler Verwirrung, beides Phasen jeder gesunden Pubertät.

Organisatorische Rahmenbedingungen

Ginge es nach den meisten Kindern, so würde wohl den ganzen Tag gespielt. Innerhalb einer Sportstunde jedoch, die einen Lehrgedanken verfolgt, hat das Spielen als solches durchaus seine Berechtigung, aber ausschließlich als Mittel zum Zweck. Über den Zweck von Spielen wurde in den vorangegangen Kapiteln geschrieben, was dennoch eine Frage offen lässt: Wann ist es sinnvoll zu spielen?

Ein weit verbreitetes Phänomen des Schulsports ist das Spiel als Zeitvertreib für die Schüler. Getreu nach dem Motto »Solange die Kinder spielen, sind sie beschäftigt«, werden Unterrichte ohne jeglichen Lehrinhalt nur mit Fußball oder anderen Spielen zugebracht. Das macht zwar allen Beteiligten Freude und lässt die Zeit schnell vergehen, eine sportliche Ausbildung jedoch findet nicht statt. Zwar hat das Spielen als solches einen Sinn und auch seine Daseinsberechtigung im Sportunterricht, es ist aber kein Selbstzweck zur Entlastung des Lehrpersonals.

Unterrichtseinheiten sind an gewisse Formalia gebunden, wie zum Beispiel Raum und Zeit. Auch sind die zur Verfügung stehenden Lehrmittel nicht unbegrenzt verfügbar, geschweige denn in aller Breite vorhanden. Aus diesem Grund ist es wichtig, sich vor dem Beginn des Unterrichts Gedanken über den Ablauf und die notwendigen organisatorischen Maßnahmen zu machen. An jedes Spiel sollten folgende Bedingungen geknüpft sein:

1. *Geschwindigkeit: Jeder Teilnehmer muss die Aufgabe und das Regelwerk schnell und einfach verstehen können.*

2. *Sicherheit: Es darf im Ablauf des Spiels zu keinerlei vermeidbarer Verletzung kommen.*
3. *Ausrüstung: Alle notwendigen Materialien müssen ausreichend vorhanden sein.*

Damit das Spiel nicht über seinen Stellenwert in der Stunde hinauswächst, ist eine schnelle und knappe Einweisung von Nöten. Je nach Altersgruppe kann es pädagogisch spannend sein, ein Kind auszuwählen, welches bereits Erfahrung mit dem Spiel hat, das der Gruppe die Regeln erklärt. Durch gezielte und vereinzelte Rückfragen stellt man danach sicher, dass jeder die Regeln vollumfänglich verstanden hat.

Ein weiterer wichtiger Aspekt bei allen Spielen ist die Sicherheit der Kinder. Kinder sind Draufgänger, wild und manchmal für uns Erwachsene unvorhersehbar in ihren Entscheidungen oder Bewegungsabläufen. Aus diesem Grund ist es immanent von Bedeutung, alle potentiellen Gefahren im Vorfeld auszuräumen oder zu minimieren. Darunter fallen neben scharfen Kanten oder harten Ecken auch solche Dinge, welche unsereins im ersten Moment nicht als gefährlich einstufen würde. Jedoch geschehen gerade im Umgang mit Kindern die unbeschreiblichsten Dinge, und als Sporttrainer und Aufsichtsperson ist Vorsicht die oberste Maßgabe. Deswegen muss das wachsame Auge die Fläche nach potentiellen Gefahrenquellen durchforsten, auch wenn wir als Erwachsene für uns keine offensichtliche Beeinträchtigung ausmachen können.

Ein reibungsloser Ablauf kann nur gewährleistet werden, wenn alle Materialien, welche für das Spielen benötigt werden, zu Beginn vorhanden sind und bereitliegen. Was sich im ersten Moment banal und selbstverständlich anhört, geht jedoch sehr in die Tiefe. Kinder benötigen Struktur und das gemeinsame Aufbauen und Aufräumen vor und nach dem Spiel ist nicht nur ein praktisches, sondern auch ein schulendes Element. Es vermittelt Verantwortung und soziale Kompetenzen. Es sollte deswegen stets versucht werden, nur eine delegierende Rolle einzunehmen und die Kinder Wege entwickeln zu lassen, um möglichst rasch zu einem gewünschten Ergebnis zu kommen.

Vorüberlegungen zum Stundenverlauf

Die Spiele zu Beginn, während der Stunde und zum Ende des Trainings haben unterschiedliche didaktische Zielsetzungen, die hier kurz näher erläutert werden. Der allgemeine Ablauf einer Trainingsstunde unterliegt einer einfachen Struktur. Es gibt die Aufwärmphase, eine Phase, in der die Trainingsinhalte geübt werden und die Schlussphase. In jeder Phase sollte es eine Spielrunde geben mit jeweils unterschiedlichen Funktionen.

Am Beginn der Stunde steht das ritualisierte Begrüßen. Hier werden die Kinder auf die Stunde vorbereitet. Sie sollen geistig in der Gruppe ankommen und sich auf das Training einstellen.

Aus sportmedizinischer Sicht sollte es daraufhin eine Phase geben, in der die Gelenke durch Dehn- und Kontraktionsübungen aktiviert werden (leichtes Hüpfen, Hampelmänner etc.). So werden die Kinder auf das bevorstehende Training vorbereitet.

Danach ist es wichtig, die Gruppengemeinschaft durch Aufwärmspiele zu stärken. Hierfür bieten sich Spiele an, die die Gruppendynamik fördern, wofür sich »kooperative Spiele« gut eignen. Doch auch Bewegungsspiele sind hier empfehlenswert, da sie oft eine Partnerübung oder Teamarbeit einschließen. Die Zielsetzung dieser Aufwärmphase sollte also sein: Stärkung des Kooperationsgeistes, Wir-Gefühls, der Kommunikation, Team-Play, Empathie etc.

Nachdem nun der Puls und die Körpertemperatur für das Techniktraining erreicht sind, kann mit der Trainingsphase I begonnen werden.

Hier werden die Inhalte trainiert, die für die Gruppe wichtig sind. Dafür ist es notwendig, dass sich der Trainer vorab einen roten Faden für das Training überlegt. Auch nach jahrelanger Berufserfahrung und trotz routinierter Abläufe empfiehlt es sich, sich vor der Stunde die Zeit zu nehmen, um die Stunde zu strukturieren. Somit geraten gute Trainingsinhalte nicht in Vergessenheit und neue Trainingsinhalte können miteingeplant werden. Denn jede Gruppe hat ihr besonderes Flair. Sie bedarf also einer individuellen »Handhabung«. Ein Trainer, der sich vorab mit der Gruppe und ihren Mitgliedern auseinandergesetzt hat, kann ggf. gezielt neue Inhalte ins Training integrieren, die spontan nicht umgesetzt worden wären.

Hier kann eine detaillierte Ausarbeitung oder auch ein kleiner Merkzettel mit Stichworten Wunder bewirken.

Jede Vorbereitung wird sich positiv auf das Training auswirken – wie ausführlich sie auch immer sein mag. Seien Sie als Trainer nicht zu festgefahren in ihren Trainingsmethoden. Auch Ihre eigene Motivation profitiert davon. Wenn sie sich selbst immer wieder neu erfinden, führt dies automatisch dazu, dass sie sich selbst unbewusst immer wieder neuen, kleinen Herausforderungen stellen, die man als Trainer/Meister sonst immer seltener erlebt. Es empfiehlt sich, eine gesunde Balance zwischen Tradition und Innovation zu finden.

In der Trainingsphase I sollte die Gruppe konzentriert arbeiten. Ob gemeinschaftliche oder individuelle Übungen gemacht werden, mehrere Trainingsinhalte gleichzeitig praktiziert (z. B. Kata/Taolu und Techniktraining) oder ein Schwerpunkt gelegt wird, können Sie frei entscheiden. Auch hier empfiehlt es sich, alles einmal auszuprobieren. Techniken »im Trockenen« ohne Partner und Pratze, dann an der Pratze mit Partner und folgend als ein Teil einer Kata/Taolu zu üben, wäre ein gelegter Schwerpunkt im Training. Genauso können Sie auch verschiedene Disziplinen trainieren, z. B. zuerst Handtechniken, dann Tritttechniken. Abhängig von der Gruppengröße und vom Gruppenaufbau können die Schüler gemeinsam üben, z. B. eine Kata oder Taolu. Einerseits könnte man je nach Graduierungsstufe die Schüler nach Farben/Stufen aufteilen und sie in kleinen Teams üben lassen. Differenzierter wäre es, jedem Kind eine individuelle Aufgabe zu geben. Alle Methoden haben positive Auswirkungen auf die Kampfkunst der Schüler.

Jedoch lässt sich festhalten: Je individueller der Inhalt auf den Schüler zugeschnitten ist, desto höher ist die Motivation und das Vorankommen im Training. Dies ist jedoch bei einer hohen Gruppengröße schwerer umzusetzen.

Nach der intensiven Trainingsphase wurde die Konzentration stark beansprucht, gerade dann, wenn in dieser Phase neue Techniken gelehrt wurden. Um die Dynamik wieder zu erhöhen und die Schüler körperlich herauszufordern, kann nach dieser Trainingsphase ein Spiel stattfinden. Hier empfiehlt sich, auf Wettkampfspiele zurückzugreifen. Nach der geistigen Anstrengung sollten nun gegebenenfalls aufgestaute Emotionen über den Körper freigesetzt werden können. Hierfür sind Wettkampfspiele oder Bewegungsspiele sehr förderlich. Sie lenken die Aufmerksamkeit auf die verschiedenen Muskelgruppen und weg von der geistigen Anstrengung. Der freundliche und faire Umgang sollte immer die Basis sein. Gleichzeitig kann sich der Geist, der zuvor im Training viel leisten musste, entspannen. Durch diese Pause schafft man wieder neue Kapazitäten fürs Training und einen höheren Trainingserfolg. Es bietet sich auch oft an, mitten in der Trainingseinheit eine kleine »Trinkpause« zu machen. Der Effekt, dass die Kinder durch diese kurze Regeneration zu neuen Kräften gelangen, ist hier ebenfalls gegeben. Je nach Gruppe können Sie beides ausprobieren.

In der Trainingsphase II kann auf die vorhergegangene Thematik ein weiteres Mal eingegangen werden. Das heißt, man erweitert das Training in der gleichen Thematik. Ebenso kann man auch ein komplett anderes Thema behandeln. Je nachdem wie das Befinden der Gruppe ist, kann nun auch eine intensive Phase mit Kraftübungen folgen. In Kombination mit dem zuvor gespielten Bewegungsspiel wären die Kinder bereits auf eine solche Phase vorbereitet.

Zum Ende der Trainingsstunde ist es wichtig, den Schülern positive Emotionen mit nach Hause zu geben. Dafür bieten sich Spiele an, die schon zur Routine gehören. Sie sollten schnell und mühelos umzusetzen sein, ohne großen Aufbau. Spiele wie z. B. Fußticken, Ritter der Kokosnuss oder Chinesische Mauer bieten sich hierfür besonders gut an. Wenn Sie im Laufe der Zeit einige Spiele ausprobiert haben, werden die Schüler Ihnen automatisch ihre Favoriten rückmelden. Diese können sie ebenfalls am Ende des Trainings – fast schon als Belohnung – nutzen. Einige Charakteristika sollten diese Spiele haben. Diese müssen jedoch nicht alle gleichzeitig erfüllt werden:

- Laufen, freies Bewegen
- Anfeuern der anderen Schüler
- Teamwork und Kooperation
- Dynamik
- Lautstärke

Ein strahlendes Kind, das nach dieser dynamischen Spielphase von der Matte kommt, ist meist ein glückliches Kind. Wir alle verbinden Sport mit Schwitzen. Wenn zu diesem Zeitpunkt die Trainingsintensität so erhöht wird, dass die Schüler schwitzend von der Matte kommen, haben sie sogar glückliche Eltern. Oft beobachten wir, wie Eltern mit dem Kommentar: »Du hast ja gar nicht geschwitzt!« das Training implizit kritisieren, da das Kind ihrer Meinung nach beim Sport schwitzen sollte. Daher ist es fast schon undenkbar, ohne dies die Stunde zu beenden. Die positiven Gefühle, die die Schüler aus der Stunde mitnehmen, festigen sich in ihren Erinnerungen. Wir erinnern uns oft nur an das Ende, da alle Erlebnisse dazwischen so zahlreich waren. Die Freude auf die nächste Unterrichtsstunde ist somit schon vorprogrammiert und die Schüler*in kann es kaum erwarten, wieder zum Training zu kommen.

Ein weiterer wichtiger Aspekt ist die Energie der Gruppe. Sie wird sich auf die gegebenenfalls darauffolgenden Gruppen transportieren lassen. Die wartenden Kinder sehen, wie die Schüler ausgelassen und voller Spaß den Unterricht erleben. Dies fördert die Vorfreude und diese trägt zur positiven Stimmung der zweiten Stunde bei. Spaß und Spiel lässt sich also auch auf die weiteren Gruppen übertragen, was sich positiv auf die gesamte Atmosphäre auswirkt.

Stundenablauf für eine Trainingsstunde – ein Beispiel

Zeit in Minuten	Phase	Inhalt
1.–5. Minute	Begrüßung	Ritualisierter Beginn
5.–12. Minute	Aufwärmphase I	Die einzelnen Gelenke durch kreisende Bewegungen gemeinsam aktivieren.
12.–18. Minute	Aufwärmphase II / Spielphase I	Aufwärmspiel
18.–20. Minute	Dehnphase (optional)	Spagat und weitere Dehnübungen
20.–40. Minute	Trainingsphase I	Schwerpunkt des Trainings
40.–45. Minute	Spielphase II	Spiel mit neuen Reizen
45.–55. Minute	Trainingsphase II	Gleiche Trainingsinhalte oder Intensivphase von Trainingsphase I
55.–60. Minute	Abschlussphase	Abschlussspiel und ritualisierter Abschied

Notiz
Je nach Kampfkunst
Am besten beginnend vom Kopf bis zu den Füßen, alle großen Gelenke 10–20 Sekunden dehnen und kreisen.
Hierbei sollte der Unterrichtsinhalt (Turniervorbereitung, Techniktraining) berücksichtigt und entsprechend ausgesucht werden, um die Schüler in das Thema einzuführen.
Aus sportmedizinischer Sicht ist eine »Vordehnung« nicht zwingend notwendig. Jedoch empfehlen wir, gerade bei Trainingsinhalten, die Tritte im Fokus haben, eine Dehnphase vorzuschieben, um Verletzungen vorzubeugen.
Optional empfiehlt es sich, hier eine kleine Trinkpause einzulegen.
Hier sollte der Fokus auf eine vollständig andere Handlung gelegt werden. Sollte das Training vorher sehr dynamisch gewesen sein, empfiehlt sich jetzt eine etwas ruhigere, evt. konzentrationsbetonte Spielphase.
Hier kann das Training nochmal auf eine intensivere Ebene gehoben oder mit neuen Elementen gefüllt werden.
Je nach Training kann noch eine dritte Spielrunde eingeführt werden, bevor die Gruppe sich verabschiedet.

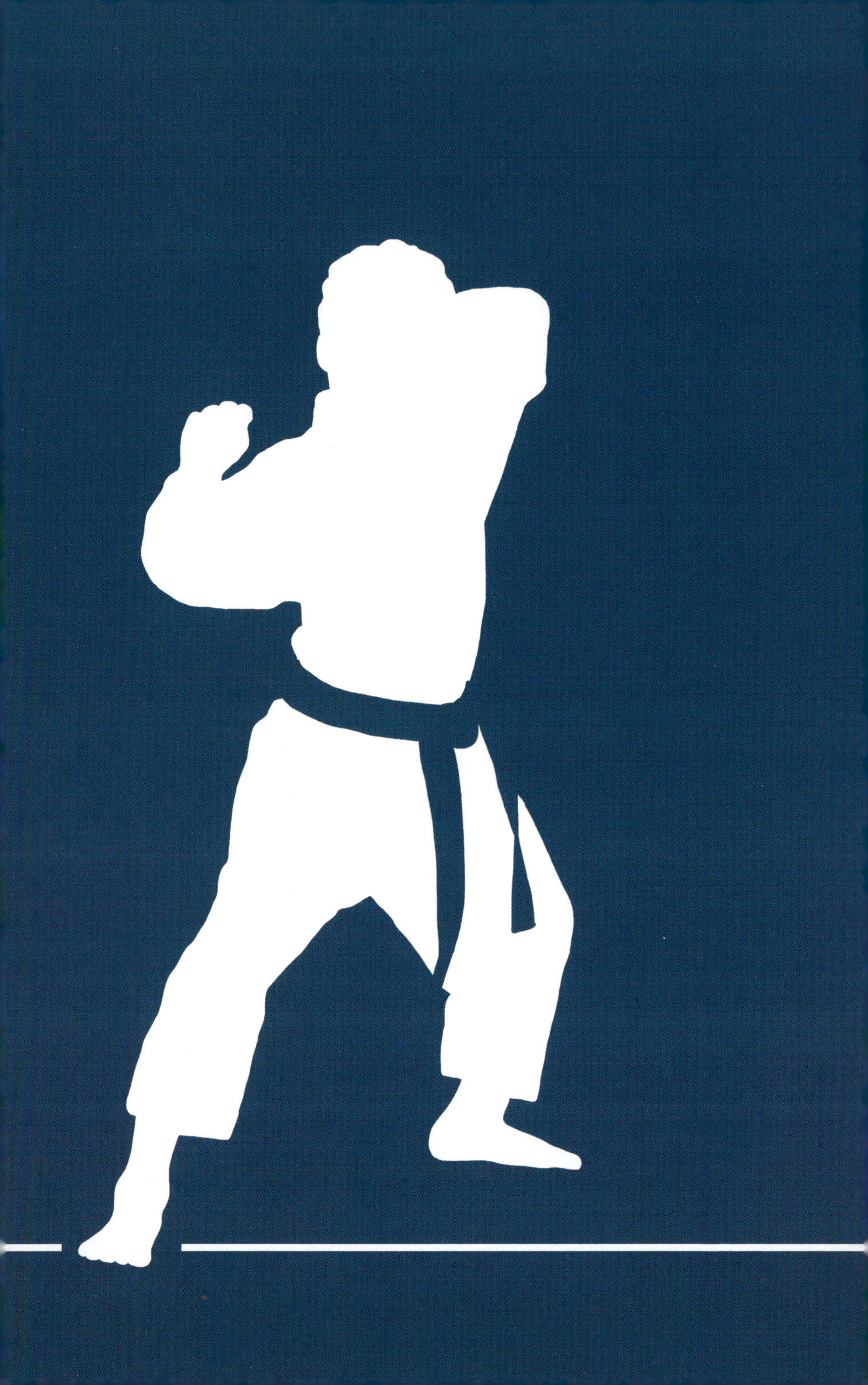

2. Spiele

Im Rahmen einer Sporteinheit kann es sinnvoll sein, zielgerichtet Spiele einzusetzen, die bestimmte Lerneffekte begünstigen oder fördern. Je nach der Zielsetzung haben wir im Folgenden die Spiele in drei Kernkategorien unterteilt, die es dem Anwender schnell ermöglichen sollen, das passende und zweckmäßige Spiel zu finden. Die Kategorisierung richtet sich nach dem Lerneffekt für die Gruppe oder das Individuum, denn beides kann elementar sein, will man Kindern über das reine Techniktraining hinaus sportliche Inhalte vermitteln. Die Spieldauer beträgt in der Regel zwischen drei und fünf Minuten.

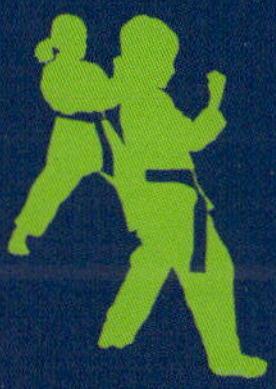

Kooperative Spiele

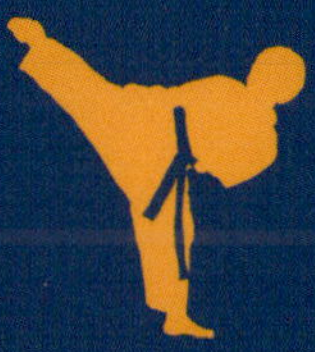

Wettkampfspiele

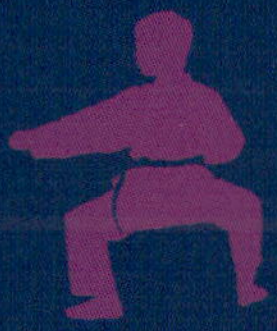

Bewegungsspiele

Kooperative Spiele

Bei kooperativen Spielen wird eine gemeinschaftliche Leistung verlangt. Entgegen dem normalen konkurrierenden Gedanken steht hierbei die Teamleistung im Vordergrund. Dies muss nicht die ganze Gruppe umfassen, sondern kann schon ab einer Einheit von zwei miteinander agierenden und sich gegenseitig unterstützenden Kindern beginnen. Wichtig ist jedoch der Fokus auf die gemeinschaftliche Überwindung eines Hindernisses oder die Erfüllung einer gestellten Aufgabe. Als Schlüsselerlebnis soll das »Wir-Gefühl« im Mittelpunkt stehen als Ausgangsbasis für Vertrauen und eine positive Gruppendynamik. Die Partnerwahl kann hierbei vom Trainer dahingehend beeinflusst werden, dass besonders schüchterne Kinder von den mutigen Kindern der Gruppe mitgezogen und animiert werden.

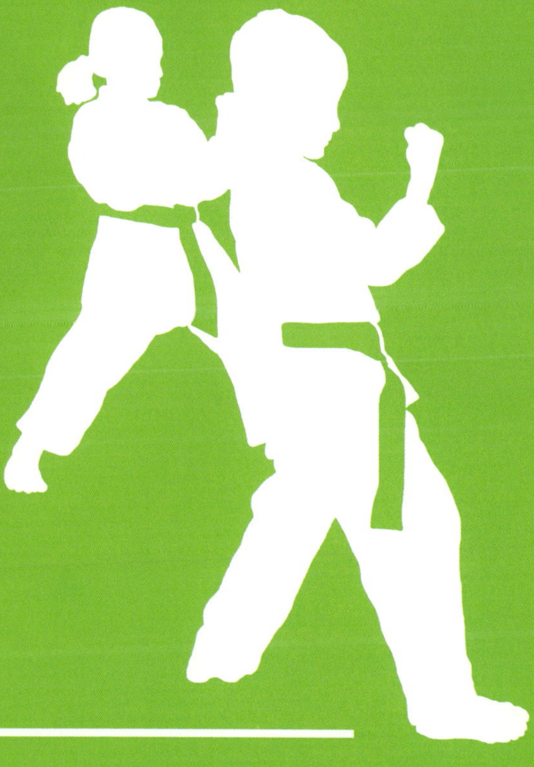

110

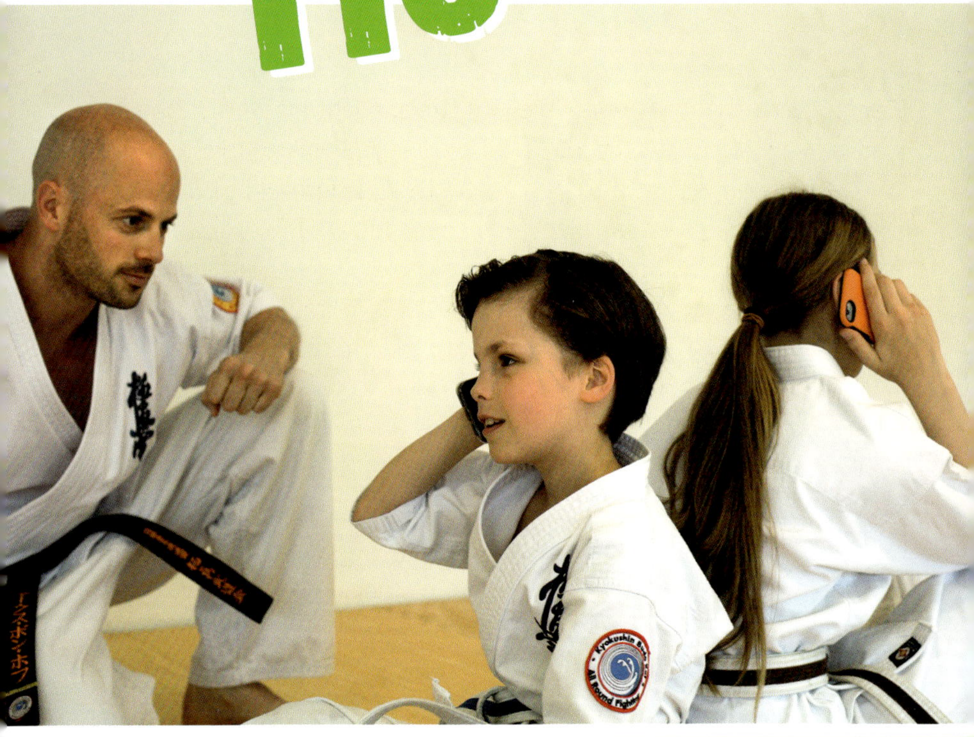

Zielsetzung:	Wahrnehmung, Sozialverhalten, Kommunikation, Handlungsoptionen im Notfall
Level:	Anfänger
Material:	Handy-Attrappe, Schaumstofftelefon oder Ähnliches

ANLEITUNG:

Der Trainer setzt die Gruppe in einen Kreis, sucht ein Kind heraus und beschreibt einen Notfall, z. B. »Du bist alleine zuhause und es klingelt wiederholt an der Tür, und es ist jemand Fremdes. Deine Eltern konntest du nicht erreichen. Jetzt wählst du welche Nummer?« Zuvor wird in der Gruppe geklärt, welche Nummer im Notfall gewählt werden muss und welche W-Fragen bei einem Telefonat mit der Polizei beantwortet werden sollten.
3 W-Fragen sollte das Kind kennen:

- Wer bin ich?
- Wo bin ich?
- Was ist passiert?

Je nach Gruppengröße kann die Trainer*in bei dem vorgespielten Telefonat mit der Polizei den Polizisten nachspielen.

Sollte die Gruppe größer und in diesem Thema schon geübt sein, gibt es eine weitere Variante:
Optional können die Kinder untereinander telefonieren. Die Hälfte der Gruppe gehört zur Polizei die andere hat einen Notfall. Die Polizisten erhalten ein Markierbändchen. Sobald ein Kind sich einen Notfall ausgedacht hat, sucht es sich einen Polizisten, nimmt diesen an die Hand und das Telefon-Spiel beginnt. Wenn das Kind alle W-Fragen gewusst hat, wird ein neuer Partner gesucht.

Bist du Yoda?

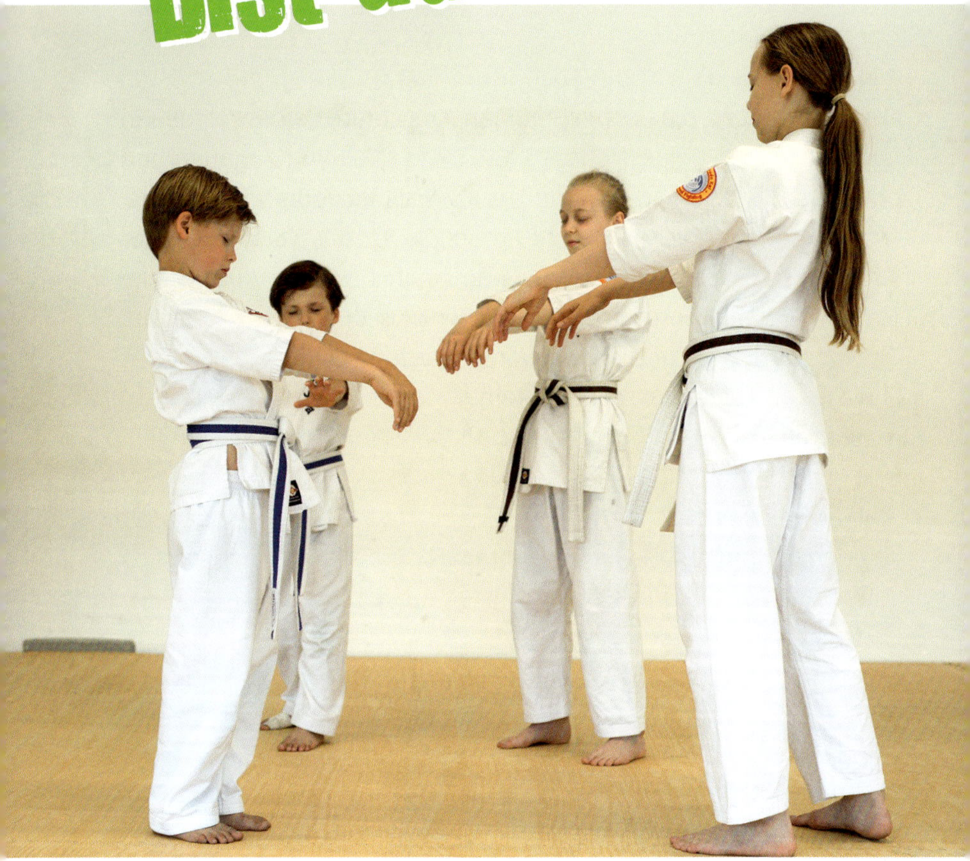

Zielsetzung:	Feingefühl, Wahrnehmung, Vertrauen
Level:	Anfänger
Material:	Kein Zusatzmaterial nötig

ANLEITUNG:

Alle Kinder schließen die Augen und der Trainer wählt ein Kind aus, das »Yoda« sein darf. Alle Kinder müssen mit verschlossenen Augen im Raum auf die Suche nach ihren Mitschülern gehen und erfragen, wer Yoda ist. Die Leitfrage ist »Bist du Yoda?« Die Kinder, die nicht Yoda sind, verneinen diese Frage. Der Mitschüler, der Yoda ist, darf auf diese Frage als Einziger nicht antworten, auch nicht bejahen. Wenn ein Kind Yoda gefunden hat, nimmt es Yoda an die Hand. Sollten die Kinder, die sich an den Händen halten, gefragt werden, müssen sie weiterhin mit »nein« antworten. Somit muss das einzige Kind, das Yoda ist, in der Kette gefunden werden. Erst dann darf sich das suchende Kind der Kette anschließen. Sobald sich alle Kinder an den Händen halten, ist das Spiel beendet.

Ich beweg mich

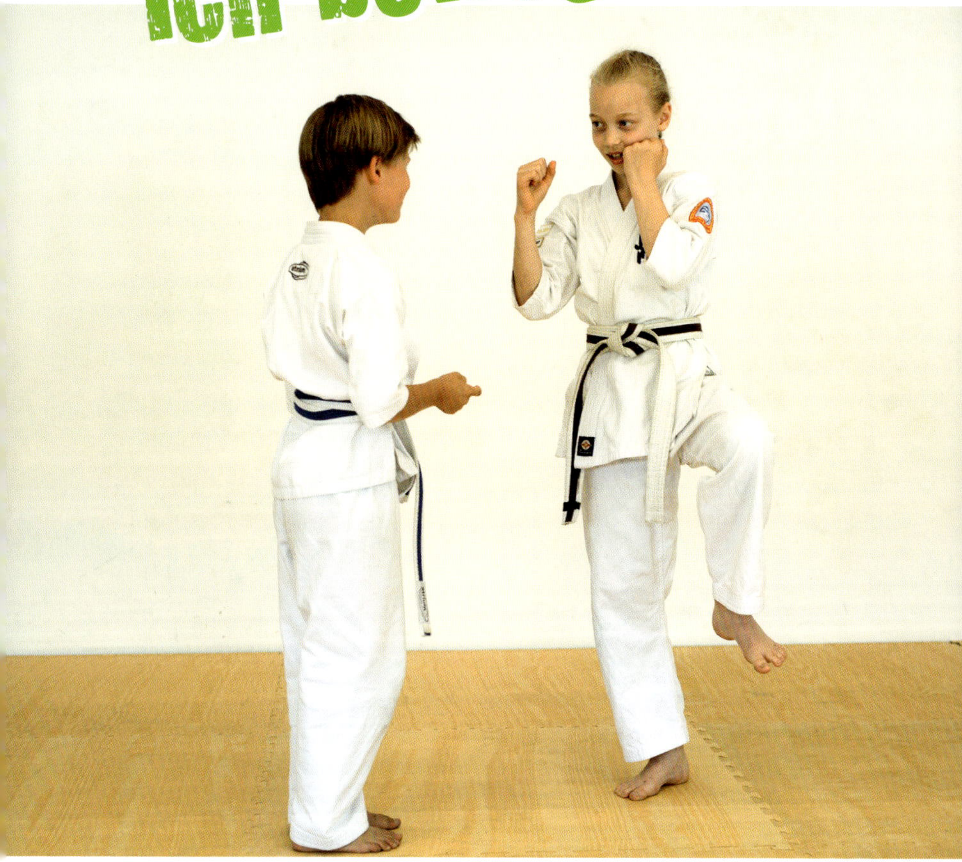

Zielsetzung:	Integration neuer Schüler, Gruppengefühl stärken, Gedächtnistraining, Empathie, Feinmotorik, Kreativität
Level:	Anfänger
Material:	Kein Material nötig

ANLEITUNG:

Jedes Kind sucht sich einen Platz im Raum und bekommt 3 Minuten Zeit, um sich eine Bewegung zu seinem eigenen Namen auszudenken. Das kann etwas Dynamisches sein, eine Kampfkunsttechnik oder eine Handbewegung. Jedes Kind sollte sich mit seiner Bewegung wohl fühlen. Nach dieser Phase sucht sich jedes Kind einen Partner und sie stellen sich einander mit Namen und Bewegung vor. Wichtig bei diesem Spiel ist, dass auch der Name und die Bewegung des Partners wiederholt werden. Nach der kleinen Vorstellungsrunde sucht sich jedes Kind einen neuen Partner. Ziel ist es, das sich alle Kinder untereinander vorstellen, egal ob sie sich zuvor schon kannten. Da die Bewegungen für alle neu sind, ermöglicht das Spiel neuen Mitschülern einen angenehmeren Einstieg in die Gruppe.

Option: In der zweiten Runde bewegen sich die Kinder frei im Raum. Hierbei suchen sie sich ein Kind heraus und versuchen, es mit dessen Bewegung und Namen zu begrüßen.

Kranichparty

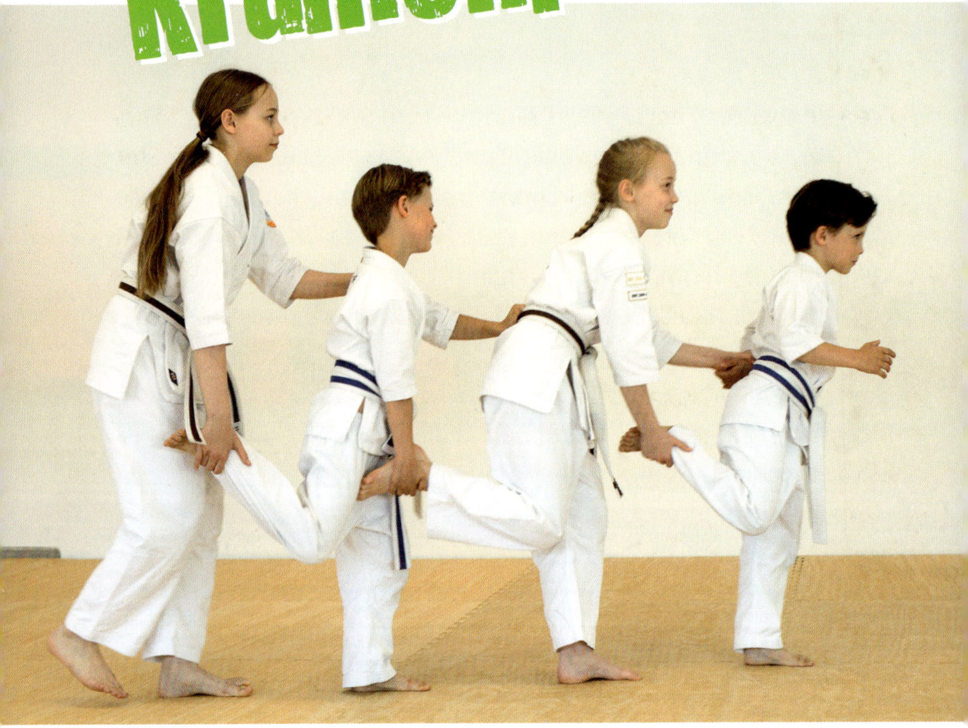

Zielsetzung:	Ausdauer, Koordination, Kooperation, Wir-Gefühl, Frustrationstoleranz, Kraft, Ausdauer
Level:	Anfänger
Material:	Kein Zusatzmaterial nötig

ANLEITUNG:

Die Gruppe sammelt sich in einer Ecke der Halle. Es wird eine Reihe gebildet und eine Strecke festgelegt, z. B. bis zum Ende der Halle, eine Runde usw. Die Gruppe darf die Strecke jedoch nur auf einem Bein hüpfend bestreiten. Zudem muss das Bein, welches in der Luft ist, vom Hintermann festgehalten werden. Somit muss ein gemeinsamer Rhythmus gefunden werden. Sobald ein Kind den Boden mit zwei Beinen berührt oder stolpert, muss die Strecke von allen komplett von vorne zurückgelegt werden.
Die gleiche Strecke muss folgend auch mit dem anderen Bein absolviert werden.

Reiterstand-Ticken

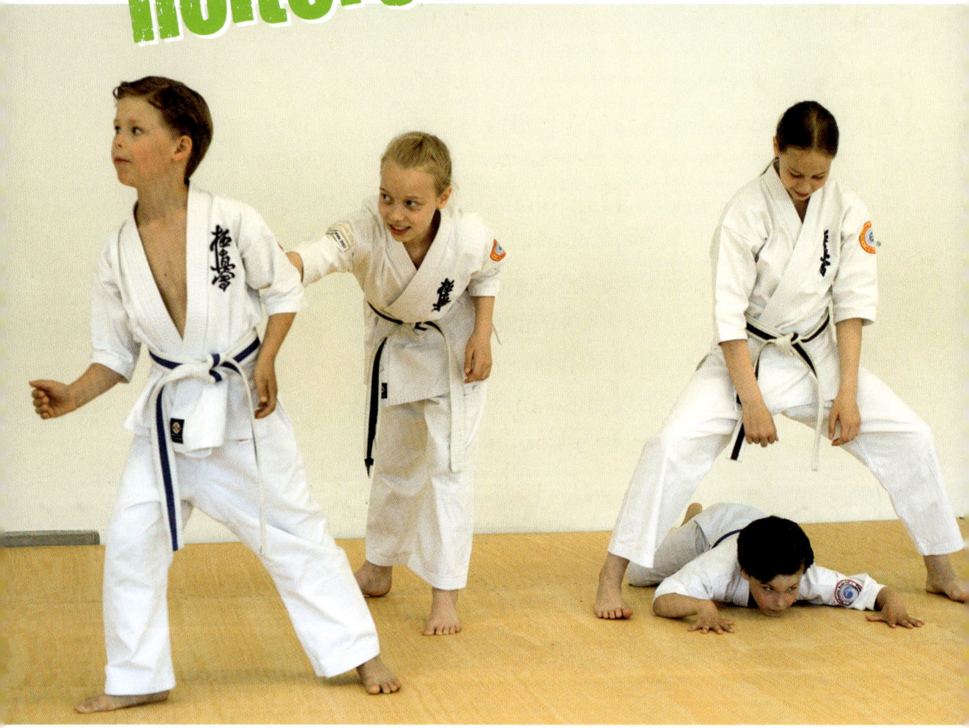

Zielsetzung:	Schnelligkeit, Agilität, räumliche Wahrnehmung, Fuß- und Beintechniken, Ausdauer, Kooperation
Level:	Anfänger
Material:	Kein Zusatzmaterial nötig

ANLEITUNG:

Es werden zwei bis drei Ticker herausgesucht. Wenn ein Kind getickt wurde, muss es sich in den Reiterstand stellen. Die getickten Kinder können wieder mitspielen, indem sie von den aktiven Kindern befreit werden. Die aktiven Kinder müssen dafür unter den Beinen der getickten Kinder hindurchkrabbeln. Die sogenannte »Katzenwache«, d. h. dass der Ticker vor dem getickten Kind wartet, ist nicht erlaubt. Auch das Ticken beim Befreien ist nicht erlaubt. Wenn alle Kinder getickt wurden, haben die Ticker gewonnen. Die Runde kann auch vorzeitig beendet werden, indem neue Ticker ausgesucht werden.

Schlangenrodeo

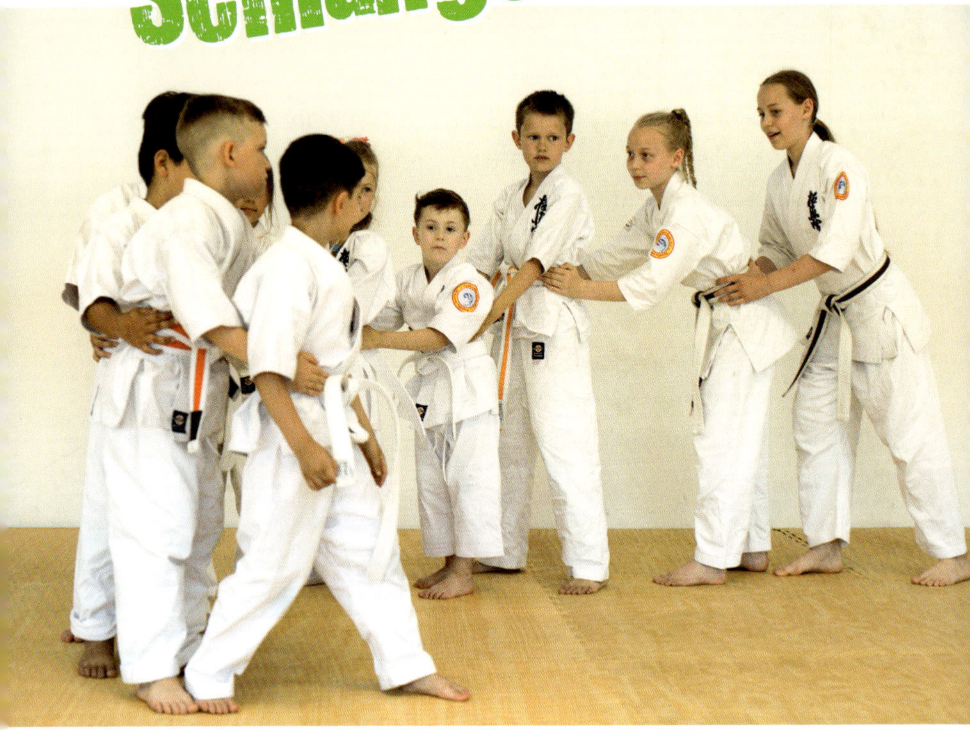

Zielsetzung:	Kooperation, Schnelligkeit, Frustrationstoleranz, Gruppendruck standhalten
Level:	Anfänger
Material:	(Ticker-)Bändchen

ANLEITUNG:

Alle Kinder bilden eine Schlange. Sie halten sich an der Hüfte des Vorderkindes fest. Beim letzten Kind in der Schlange wird am Gürtel ein Bändchen befestigt. Optional geht es auch ohne. Das Kind, das ganz vorne am Schlangenkopf ist, versucht das Bändchen zu klauen. Die Schlange darf dabei nicht auseinanderreißen. In diesem Fall wird das Spiel unterbrochen und es wird erst weitergespielt, wenn alle Kinder wieder ihren Vordermann festhalten.
Sollte das Bändchen ergattert worden sein, wird die vorderste und letzte Position gewechselt.

Spiderman

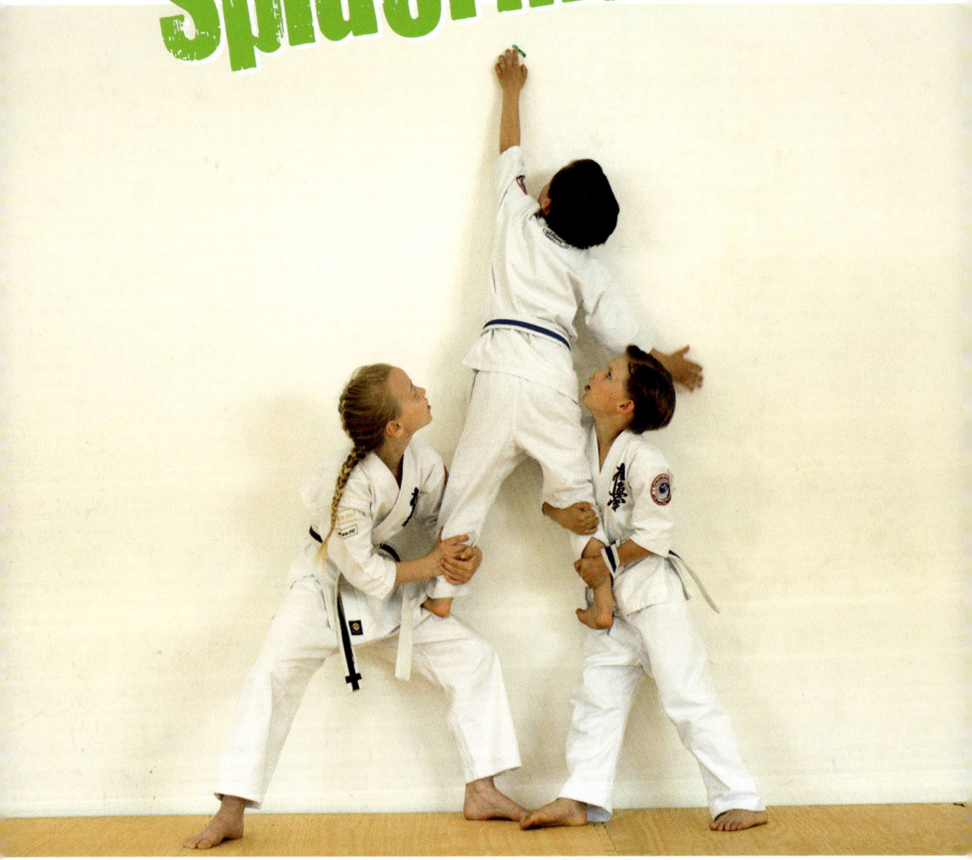

Zielsetzung:	Kooperation, Strategie, Ausdauer, Wir-Gefühl, Kreativität, Kommunikation, Kraft
Level:	Anfänger
Material:	Wand und Klebestreifen

ANLEITUNG:

Es werden 3 oder 4 Gruppen erstellt. Jede Gruppe bekommt einen Klebestreifen und die Aufgabe, den Klebestreifen so hoch oben wie möglich an der Wand zu befestigen. Es zählt jedoch nur, wenn alle Kinder gemeinsam dazu beitragen. Es darf somit keiner ausgeschlossen werden. Die Kinder bekommen 5 Minuten zum Ausprobieren. Wenn die Zeit um ist, präsentieren die Gruppen nacheinander ihre Taktik und kleben den Steifen an die Wand. Jede Gruppe bekommt maximal 3 Versuche. Die Gruppe, die den Klebesteifen an der Wand am höchsten platziert, hat gewonnen.

Ball über den See

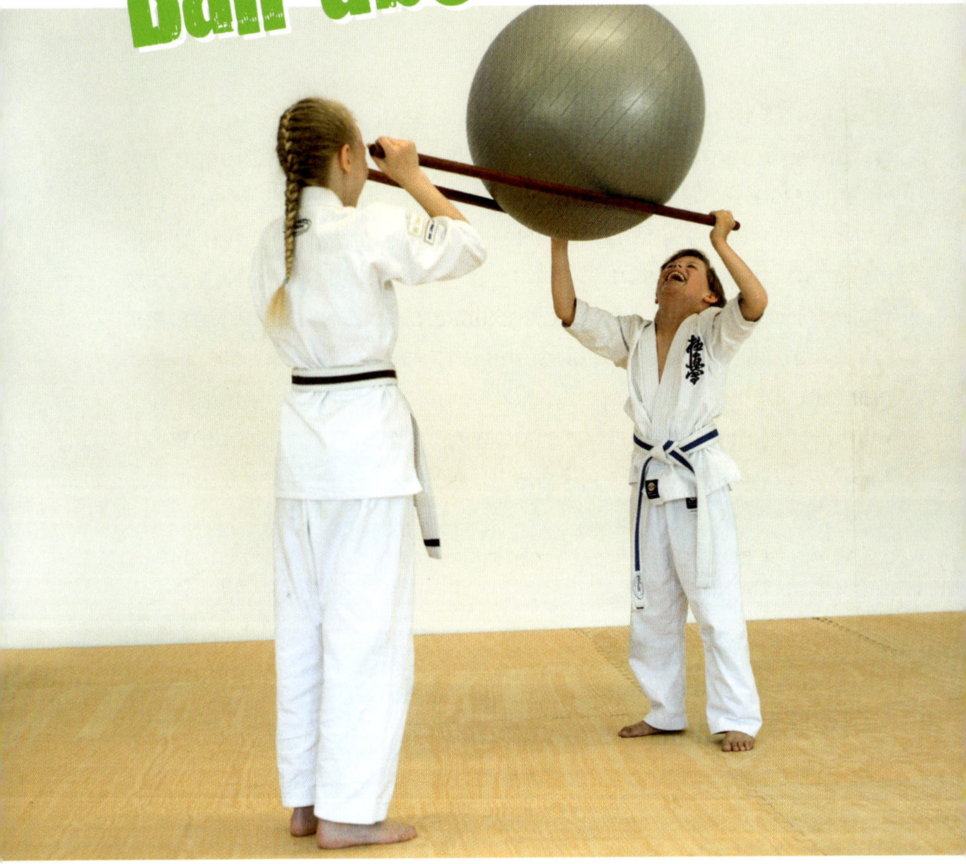

Zielsetzung:	Koordination, Sozialkompetenz, Kooperation, Geschick, Geduld, Ausdauer
Level:	Anfänger und Fortgeschrittene
Material:	Pro Spielerpaar zwei Stöcke und einen Gymnastikball/ Softball o. Ä.

ANLEITUNG:

Es werden Paare gebildet, die ungefähr die gleiche Körpergröße haben. Jedes Paar erhält zwei Stöcke und einen Ball. Alle Paare positionieren sich am Ende der Halle. Die Kinder halten die Stöcke jeweils an den Stockenden fest und führen die Stöcke über den Kopf. Der Ball wird dann auf die Stöcke gelegt. In dieser Position versuchen die Kinder, gemeinsam zur anderen Seite der Halle zu gelangen. Fällt der Ball auf den Boden, muss das Paar von vorne beginnen. Das Paar, das zuerst die andere Seite erreicht, ohne dass der Ball auf dem Boden gefallen ist, hat gewonnen.

Optional: Gemeinsam hin und zurück laufen.

Bombe im Haus

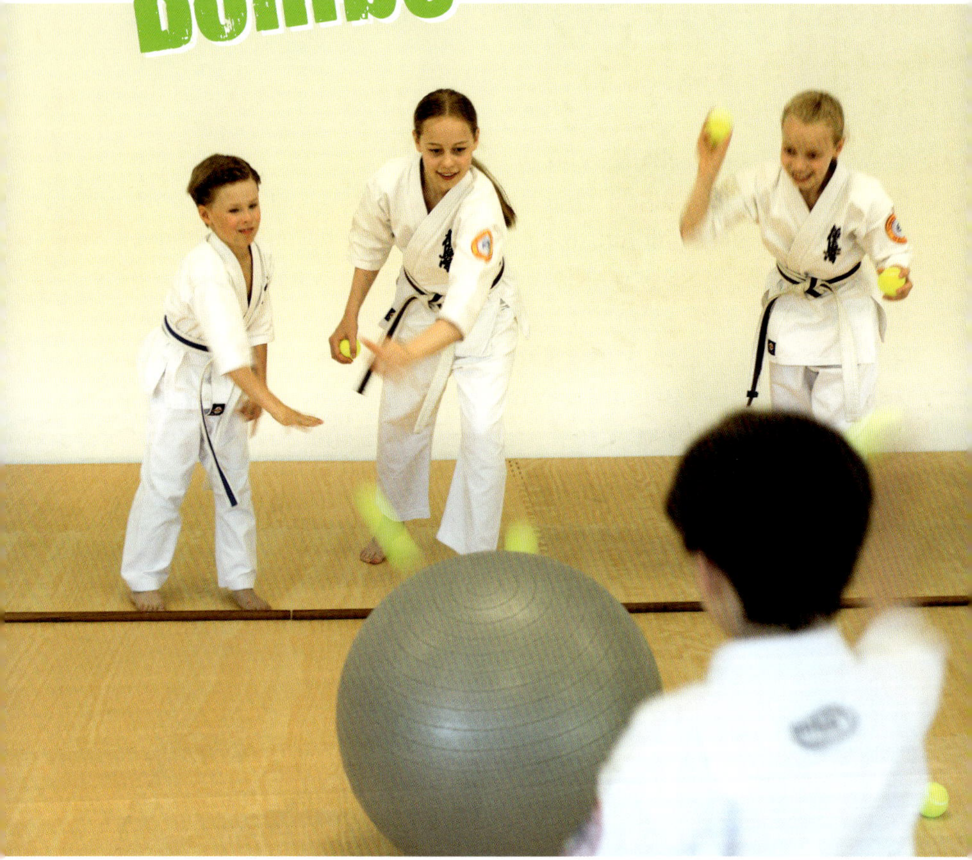

Zielsetzung:	Gruppendynamik wahrnehmen und strukturieren, Taktik, Auge-Hand-Koordination, Schnellkraft, Ausdauer, Konzentration, Zielsicherheit
Level:	Anfänger und Fortgeschrittene
Material:	1 Gymnastikball, doppelt so viele Tennisbälle wie Kinder, 2 Bänke/Seile zum Abgrenzen der Seiten

ANLEITUNG:

Ein Gymnastikball liegt in der Mitte der Halle, und das Feld des Gymnastikballs wird durch zwei Bänke abgegrenzt. Die Kinder werden in zwei Teams aufgeteilt und jedes Kind erhält zwei Tennisbälle. Nach dem Signal versuchen die Kinder, den Medizinball in Richtung der gegnerischen Mannschaft zu lenken, indem sie mit den Tennisbällen auf den Medizinball zielen. Wenn der Gymnastikball die Bank berührt hat, hat die gegenüberliegende Mannschaft gewonnen.

Fahrstuhl

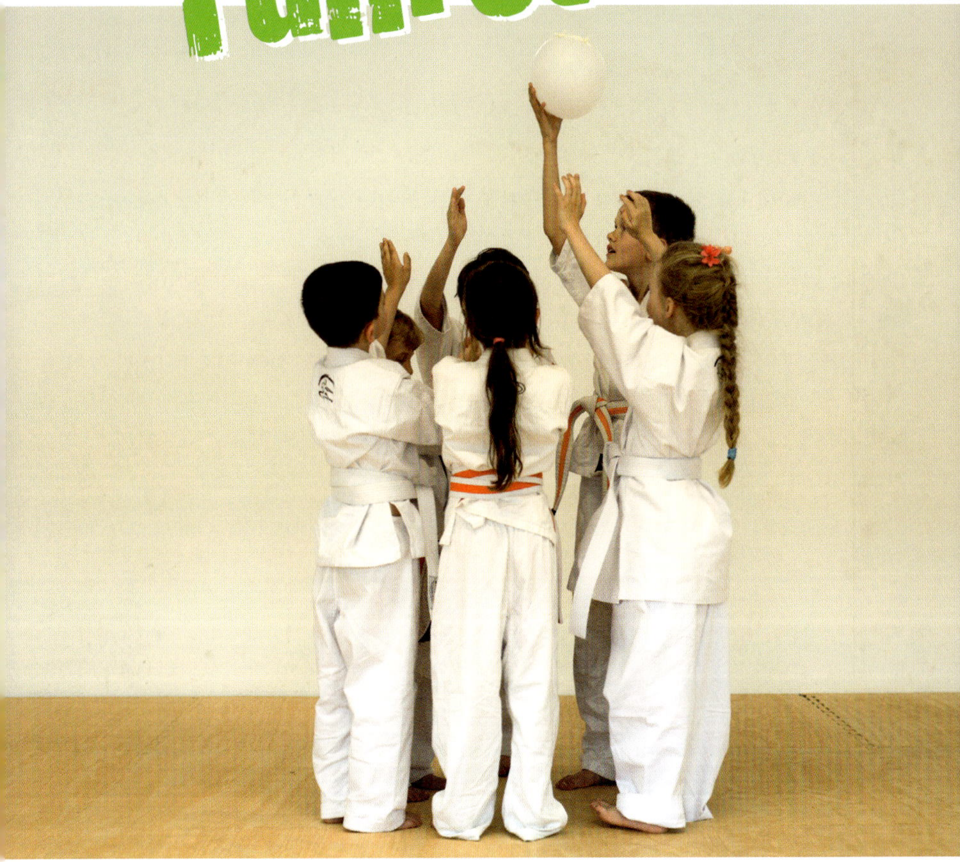

Zielsetzung:	Kooperation, Taktik, Feinmotorik, Reaktionsvermögen
Level:	Anfänger und Fortgeschrittene
Material:	Ballons

ANLEITUNG:

Es werden Dreier- oder Vierergruppen gebildet. Die kleinen Gruppen stellen sich eng in einen Kreis. Ein Ballon wird in den Kreis gelegt und das Team muss versuchen, den Ballon in die Höhe zu bekommen, bis der Ballon über die Kinder aus dem Kreis herausfliegt. Zu Beginn sind alle Gliedmaßen erlaubt.

Optional: Die Kinder legen sich ihre Arme gegenseitig auf die Schultern und versuchen, den Ballon aus dem Kreis zu bekommen. Das erste Team, dem dies gelingt, gewinnt.

Indianersitzkreis

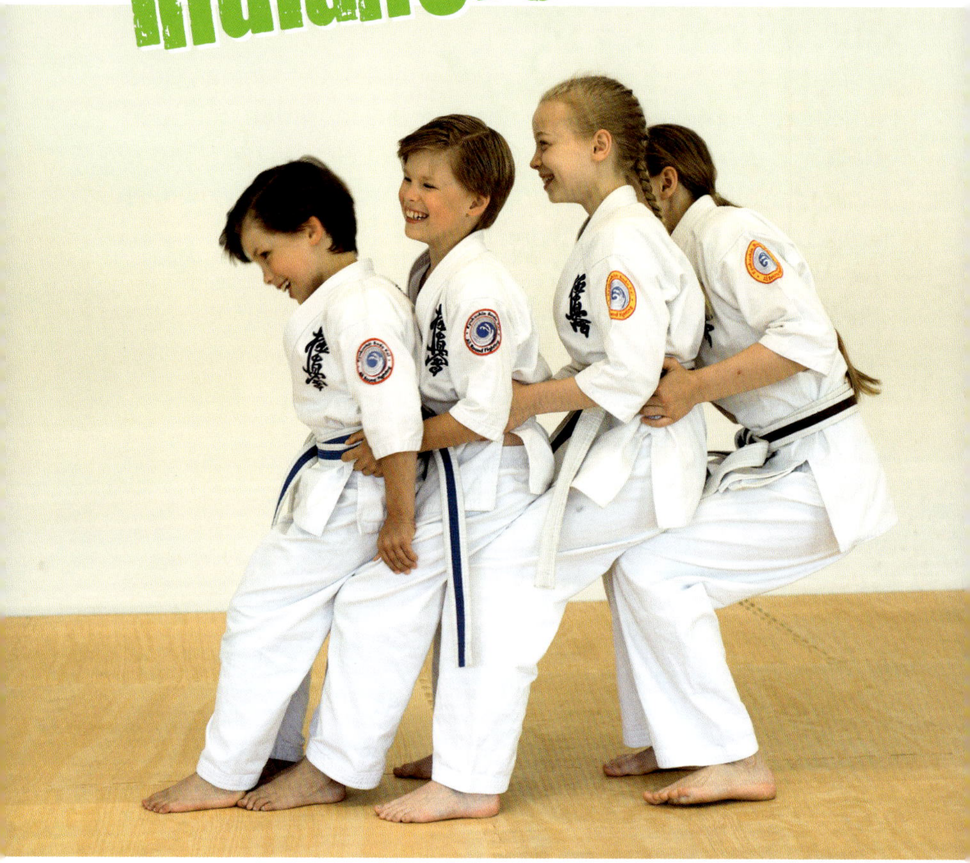

Zielsetzung:	Kooperation, soziale Kompetenzen, Gruppenkoordination, Vertrauen, Mitgefühl, Feinmotorik
Level:	Anfänger und Fortgeschrittene
Material:	Kein Material nötig

ANLEITUNG:

Die Kinder stellen sich hintereinander auf und schauen in eine Richtung. Hierbei halten sie ihren Vordermann an der Hüfte fest. Alle müssen eng beieinanderstehen, sodass sie sich einfach berühren können. Die Gruppe bewegt sich langsam im Raum. Wenn der Trainer das Signal gibt, versucht die Gruppe sich gemeinsam zu setzen, sodass jeder auf den Knien des Hintermannes sitzt. Fortgeschrittene Gruppen versuchen ebenfalls wieder aufzustehen.

Roboter

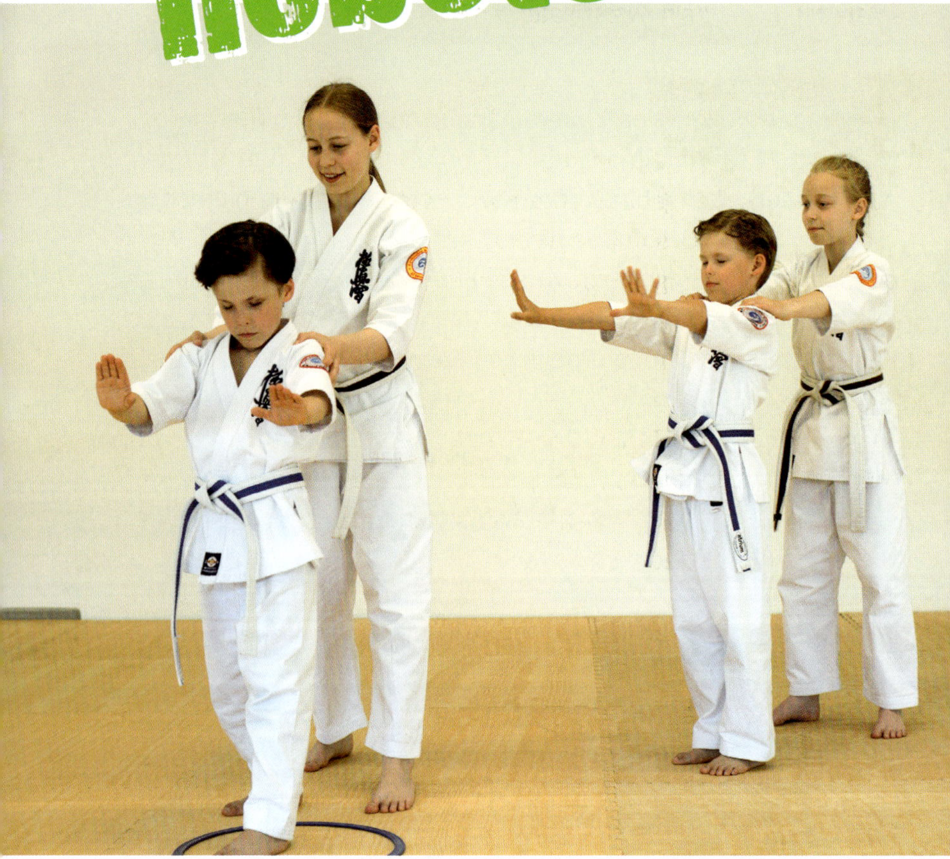

Zielsetzung:	Verantwortung, Vertrauen, Feingefühl, non-verbale Kommunikation, verbale Kommunikation, soziale Kompetenz, Kooperation, Gruppenzusammenhalt, Integration von neuen Teilnehmern
Level:	Anfänger und Fortgeschrittene
Material:	Kein Zusatzmaterial nötig

ANLEITUNG:

Es werden Paare gebildet. Die Kinder stehen hintereinander und das vordere Kind schließt die Augen. Zuvor müssen die Kinder untereinander 3 Signale absprechen:

- Links herumgehen,
- rechts herumgehen,
- stehen bleiben.

Dann werden vom Trainer Ziele in der Halle bestimmt, z. B. Ringe auf dem Boden. Diese müssen die Teams erreichen. Nach dem Erreichen des Ziels tauscht das Team die Rollen und die Kinder müssen sich im Raum neu positionieren.

Affenkrankenhaus

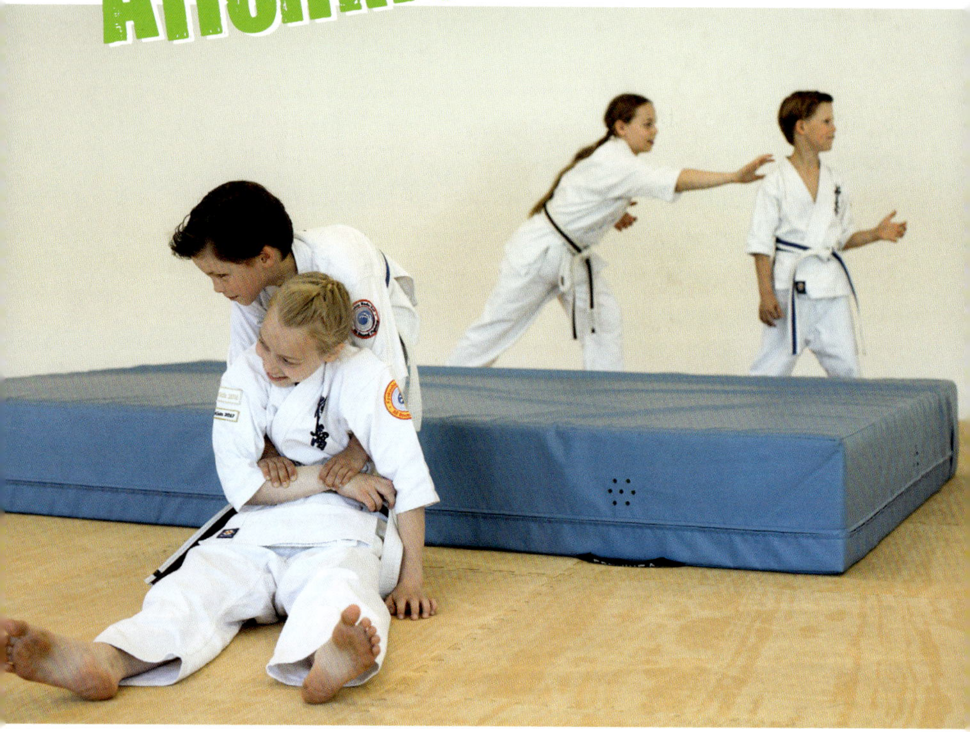

Zielsetzung:	Dynamik, Ausdauer, Taktik, Kooperation, Verantwortung, Kraft
Level:	Anfänger und Fortgeschrittene
Material:	Matte

ANLEITUNG:

In der Hallenmitte befindet sich eine Matte. Es werden zwei Ticker ausgesucht. Wenn die Kinder von den Tickern berührt werden, müssen sie sich auf den Boden legen. Alle anderen Kinder sind dann in der Verantwortung, sich zu viert zu organisieren, um das liegende Kind auf die Matte zu tragen. Wichtig: Es wird dabei nicht an seiner Kleidung gezogen, sondern an den Händen und Füßen festgehalten. Sobald die Kinder auf der Matte sind, können sie wieder mitspielen.

Batman und Joker-Ticken

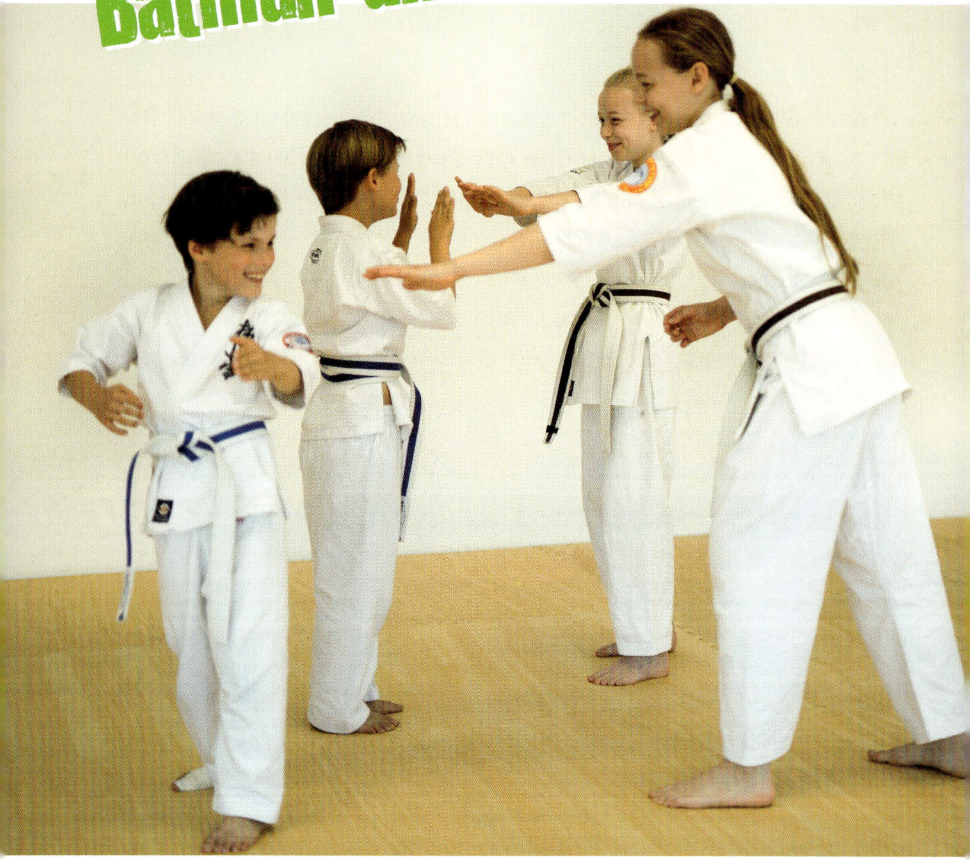

Zielsetzung:	Verantwortungsgefühl, Schnellkraft, Explosionskraft, räumliche Wahrnehmung, Taktik, Kooperation
Level:	Fortgeschrittene
Material:	Kein Zusatzmaterial nötig

ANLEITUNG:

Je nach Gruppengröße werden zwei Ticker (»Joker«) und zwei Befreier (»Batman« und »Robin«) ausgewählt. Wer getickt ist, darf sich nicht mehr von der Stelle bewegen und muss beide Hände heben. Batman und Robin dürfen die getickten Kinder befreien, indem sie mit den getickten Kindern einklatschen. Der Befreier Batman kann von den Jokern getickt werden. Robin hingegen kann nicht getickt werden und als einziger Batman befreien.

Optional: Um das Spiel zu erschweren, kann Robin ebenfalls getickt werden.

Eine Runde geht ein bis zwei Minuten. Sollten mehr Kinder getickt sein als frei herumlaufen, haben die Joker gewonnen. Gibt es mehr befreite Kinder, hat das Team Batman gewonnen.

Form-Kata-Taolu-Meister

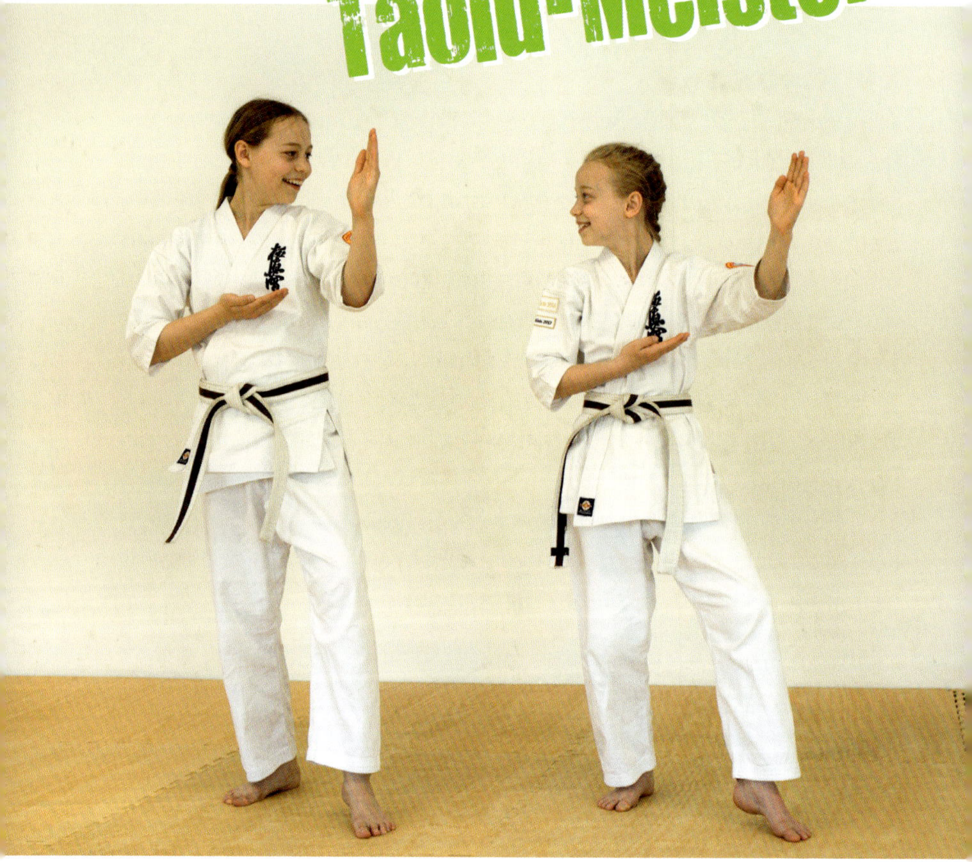

Zielsetzung:	Kooperation, Kreativität, Memorieren, Grundtechniken anwenden, Logik
Level:	Fortgeschrittene
Material:	Kein Zusatzmaterial nötig

ANLEITUNG:

Die Schüler dürfen sich zu zweit eine Form-Kata-Taolu ausdenken, die mindestens 10 Techniken umfasst. Dafür haben sie 10–15 Minuten Zeit. Folgend bekommen sie 5 Minuten Zeit, um sie synchron zu beherrschen. Option: Je nach Niveau der Gruppe kann auch Schnelligkeit und die Intensität der Techniken im Fokus stehen wie beim Synchronlaufen.

Nach dem Üben, geht der Trainer herum, schaut sich jedes Team an und verteilt Sterne als Wertung: 1–3 Sterne, wobei 3 Sterne exzellent ist. Die Teams mit den meisten Sternen – das können gerne mehrere Teams sein – dürfen am Ende der Stunde der gesamten Gruppe ihre Form-Kata-Taolu vormachen.

Form-Kata-Taolu-Meister PRO

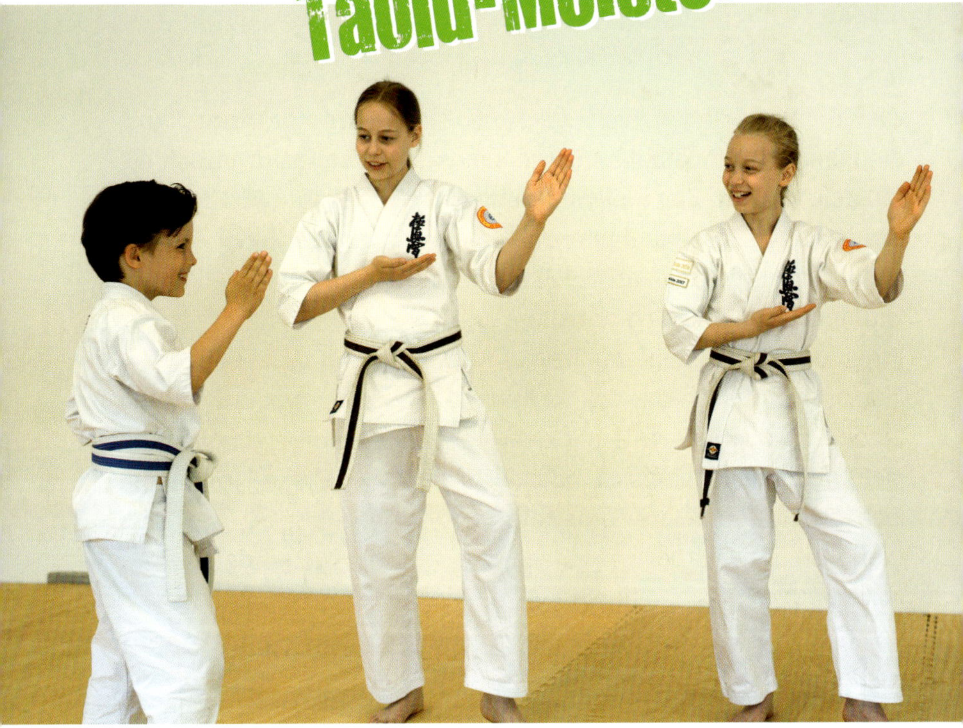

Zielsetzung:	Kooperation, Kreativität, Kommunikation, Memorieren, Grundtechniken anwenden, situatives Handeln
Level:	Fortgeschrittene
Material:	Kein Zusatzmaterial nötig

ANLEITUNG:

Die Schüler dürfen sich zu zweit eine Form-Kata-Taolu ausdenken, die mindestens 5 Techniken umfasst. Dafür haben sie 5–10 Minuten Zeit. (Option: Das Spiel »Form-Kata-Taolu-Meister« wurde in der Stunde zuvor gespielt, dann kann auf die Gruppen zurückgegriffen werden und die Schüler dürfen ihre bereits gelernte Form üben. Hierdurch verkürzt sich die Übungszeit auf maximal 5 Minuten.) Folgend müssen sie gemeinsam die Form synchron beherrschen. Nun werden die Teams gemischt und jeder Schüler bildet mit einem fremden Kind ein neues Team. Gegenseitig sollten die Kinder sich ihre Formen beibringen. Hierzu haben sie wieder 5–10 Minuten Zeit.

Wenn die Zeit vorbei ist, setzen sich alle Kinder an den Rand. Nacheinander zeigen die neuen Teams beide Formen, am besten gemeinsam. Das Punktsystem ist wie folgt:

- Das Team konnte beide Formen synchron vorführen = 3 Sterne.
- Das Team konnte mit kleinen Fehlern und Lücken die Formen vorstellen = 2 Sterne.
- Das Team konnte jeweils nur seine eigene, zuvor gelernte Form vormachen = 1 Stern.

Die Teams mit 3 Sternen haben gewonnen.

Hinter die Linie

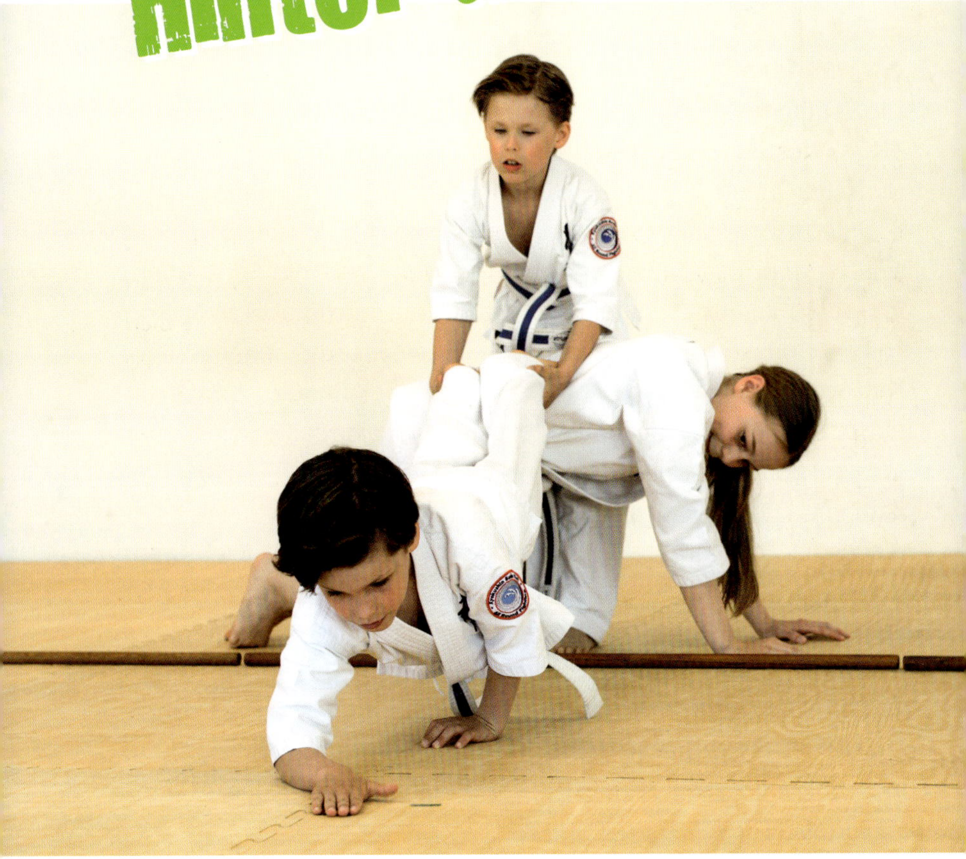

Zielsetzung:	Kooperation, Kreativität, Kommunikation, Stressbewältigung, Ausdauer, Kraft
Level:	Fortgeschrittene
Material:	Klebestreifen und eine Markierung für den Boden (z.B. Tape)

ANLEITUNG:

Die Gruppe wird in 3 oder 4 Teams aufgeteilt. Eine Linie auf dem Boden markiert den Ausgangpunkt. Jede Gruppe erhält einen Klebesteifen und 5 Minuten Zeit. Ziel ist es, dass jedes Team den Klebesteifen soweit wie möglich von der Linie, auf der »verbotenen Seite« positioniert. Diese Linie muss lang genug sein, sodass sich alle Gruppen hinter der Linie gut platzieren können. Keiner darf die Linie übertreten. Es darf maximal ein Körperteil (z. B. ein Arm) hinter der Linie den Boden berühren. Optional: Um die Zielsetzung zu erschweren, kann es auch ganz verboten sein, den Boden hinter der Linie zu berühren.

Sobald die Zeit abgelaufen ist, dürfen die Gruppen nacheinander ihre Taktik vormachen. Jede Gruppe bekommt maximal 3 Versuche. Die Gruppe, die den Klebesteifen auf dem Boden am weitesten entfernt von der Linie platziert, hat gewonnen.

Doppelagent

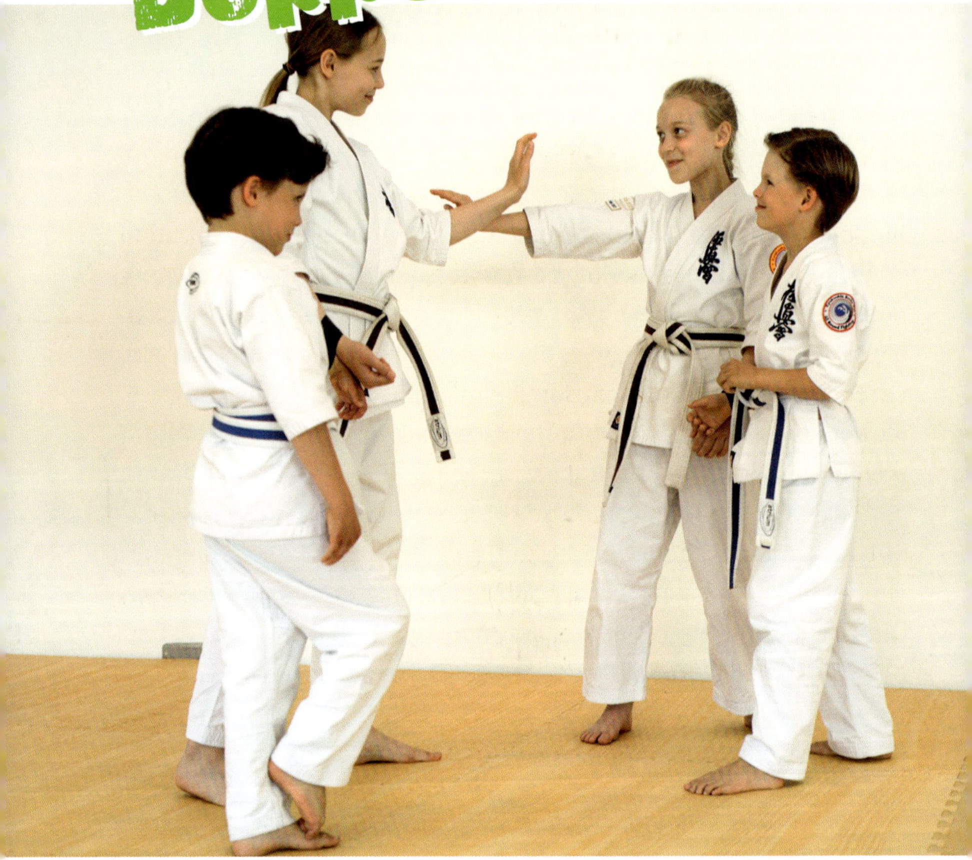

Zielsetzung:	Teamarbeit, Vertrauen, Verantwortung, Auge-/ Handkoordination, Agilität, Gruppengefühl
Level:	Fortgeschrittene
Material:	Seile

ANLEITUNG:

Die Kinder suchen sich einen Partner und werden dann an einer Hand mit einem Seil verbunden. Einer von ihnen ist für die Verteidigung zuständig und blockt Angriffe vom anderen Team ab. Der andere ist für die Angriffe zuständig. Die Hände, die verbunden sind, müssen gemeinsam genutzt werden, das darf jedes Team eigenständig absprechen, ob sie zum Angriff oder zum Blocken genutzt werden. Nun suchen sich die Teams ein Gegnerteam aus und grüßen traditionell an. Es kommt zum Duell: Das Team kann gewinnen, wenn es insgesamt 5 Sterne gesammelt hat. Wird mit einem Angriff eine Schulter des gegnerischen Teams getroffen ist das ein Sterne-Punkt. Ein geglückter Block ist ebenfalls ein Sterne-Punkt. Das Verlierer-Team muss gemeinsam 10 Kniebeugen machen – natürlich auch mit den zusammengebundenen Händen.

Die Reise nach Japan

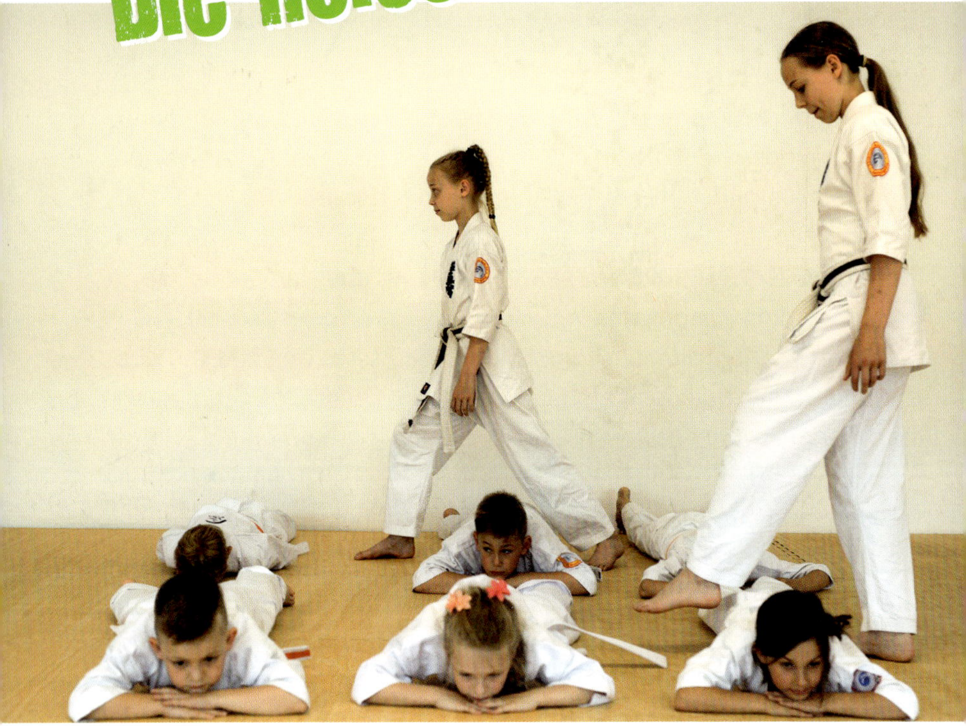

Zielsetzung:	Memorieren, Koordination, Schnelligkeit, Geduld, Konzentration, Technik
Level:	Fortgeschrittene
Material:	Kein Material nötig

ANLEITUNG:

Es werden zwei Teams aus gleich vielen Kindern gebildet. Bis auf ein Kind legen sich alle Teammitglieder in einer Reihe, quer zur Laufrichtung, in einem Abstand von 30–50 cm auf den Boden. Der Trainer steht am anderen Ende der Halle und gibt eine Technik aus der jeweiligen Kampfkunst vor. Das stehende Kind positioniert sich am anderen Ende der Halle.

Beim Startsignal läuft das stehende Kind los und muss seine Teammitglieder so schnell es geht überqueren, ohne sie zu berühren. Sobald es das letzte Kind überquert hat, läuft es zum Trainer und zeigt die Technik. Sollte sie richtig sein, hat das Kind einen Punkt erzielt. Nun darf es sich an das Ende der Reihe legen und das erste Kind, welches als erstes überquert wurde, darf aufstehen. Es startet als nächster Läufer in der folgenden Runde. Dasjenige Team hat gewonnen, das als erstes eine gewisse Punktzahl zusammen hat.

Wettkampfspiele

Im klaren Gegensatz zu kooperativen Spielen hat der simulierte Wettkampf oder das spielerische Konkurrieren einen gänzlich anderen Anspruch an das Individuum. Im Fokus des Spiels steht hier immer ein Sieger, der sich körperlich, taktisch oder geistig gegen andere durchsetzen muss. Ziel solcher Spiele ist, den gesunden Wettkampfgedanken zu fördern und Kinder anzuhalten, kompetitiv denken zu lernen. Je jünger die Altersgruppe ist, umso wichtiger ist die Betonung der Trennung von »Miteinander« und »Gegeneinander«. Im Kampfsport nimmt das Wettkampfspiel einen gesonderten Platz ein, da es im Kern der Vorbereitung auf den späteren Wettstreit unter realen Bedingungen eines Turners geht. Da viele Kinder zu Beginn eine gewisse Scheu vor Schmerzen und auch dem aktiven Ausüben von Gewalt haben, hilft ihnen die spielerische Annäherung an das Thema. In kleinen maßvollen Schritten ist der Trainer in der Lage, den Kindern ein Verständnis der kämpferischen Situation und Vertrauen in die eigenen Fähigkeiten zu vermitteln. Aufgrund der massiven körperlichen Unterschiede, die sich bei Kindern durch individuell verschiedene Wachstumsphasen ergeben, muss besonders auf die Chancengleichheit bei der Partnerwahl geachtet werden.

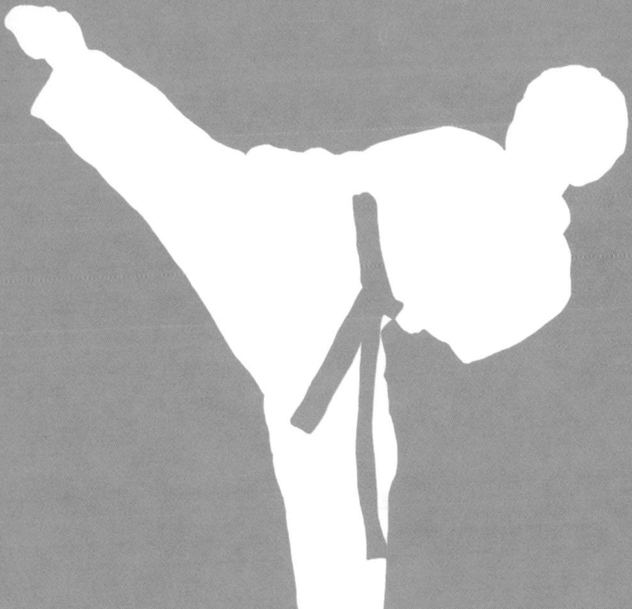

Chinesische Mauer

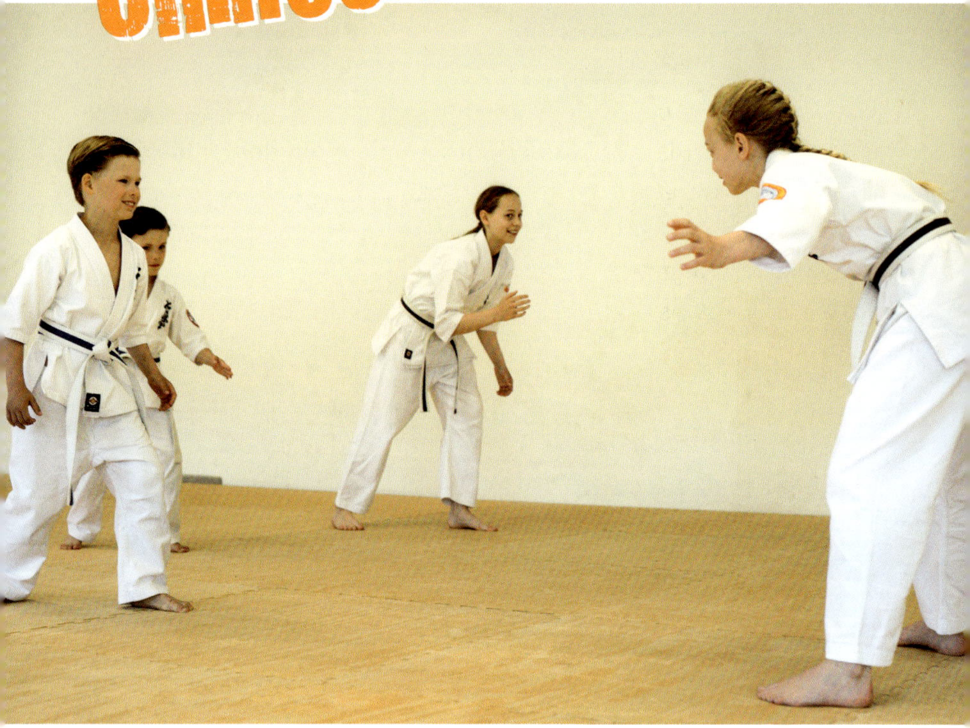

Zielsetzung:	Taktik und Schnellkraft, Ausdauer, Wahrnehmung, Agilität, Frustrationstoleranz
Level:	Anfänger
Material:	Kein Zusatzmaterial nötig

ANLEITUNG:

Je nach Gruppengröße befinden sich 1–3 Kinder (»Ticker«) auf der mittleren Hallenlinie. Die Ticker dürfen sich nur auf der Mittellinie hin und her bewegen. Die Gruppe versucht, auf die gegenüberliegende Seite zu gelangen, ohne von den Tickern berührt zu werden. Sollte ein Kind getickt sein, muss es die Ticker unterstützen. Das letzte Kind, das noch im Spiel ist, hat das Spiel gewonnen.

Eindringling

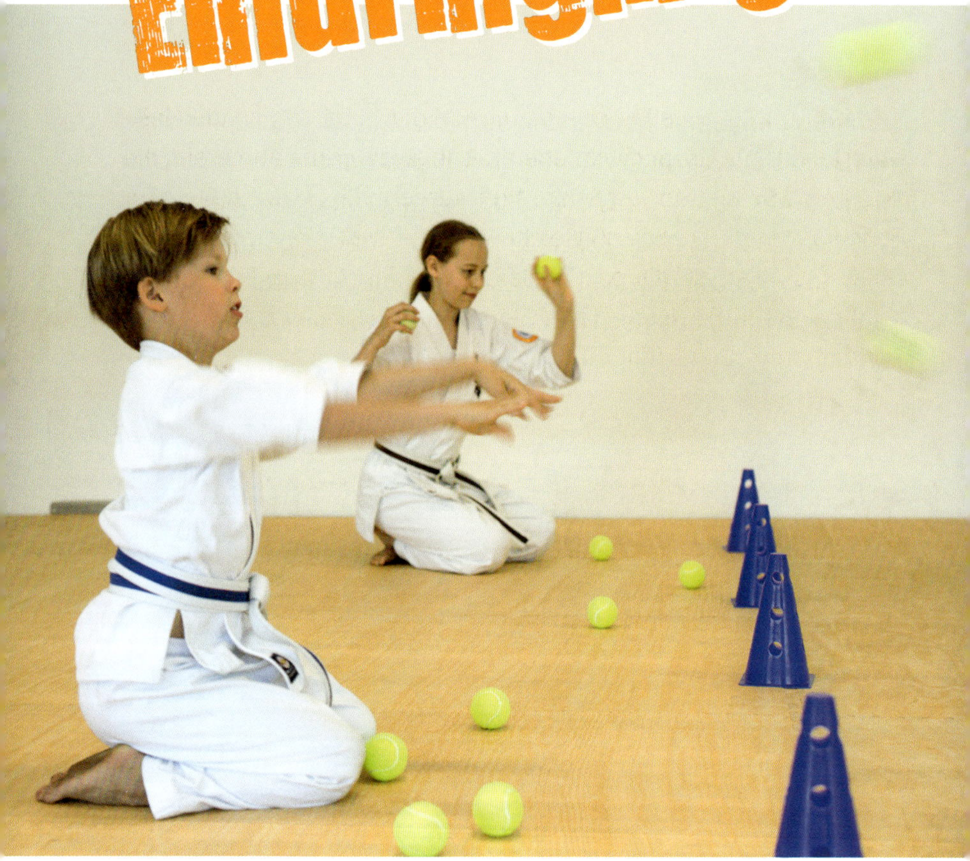

Zielsetzung:	Kompetenzen, Verteidigungsgefühl, Schnelligkeit, Taktik, Scharfsinn
Level:	Anfänger
Material:	Mind. 10 Bälle

ANLEITUNG:

Es werden zwei Spielfelder bestimmt, die im besten Fall die Halle unterteilen. Die Gruppe wird ebenfalls in zwei Teams aufgeteilt, die sich in die Spielfelder begeben. Nun werden etliche Softbälle oder Tennisbälle (10–20 Stück) gleichmäßig auf die Spielfelder verteilt. Ab dem Startsignal gilt es, die Bälle aus dem eigenen Feld zu verbannen. Beim Schlusspfiff werden die Bälle gezählt. Gewonnen hat die Mannschaft mit den wenigsten Bällen.

Feuer, Wasser, Blitz, Notfall

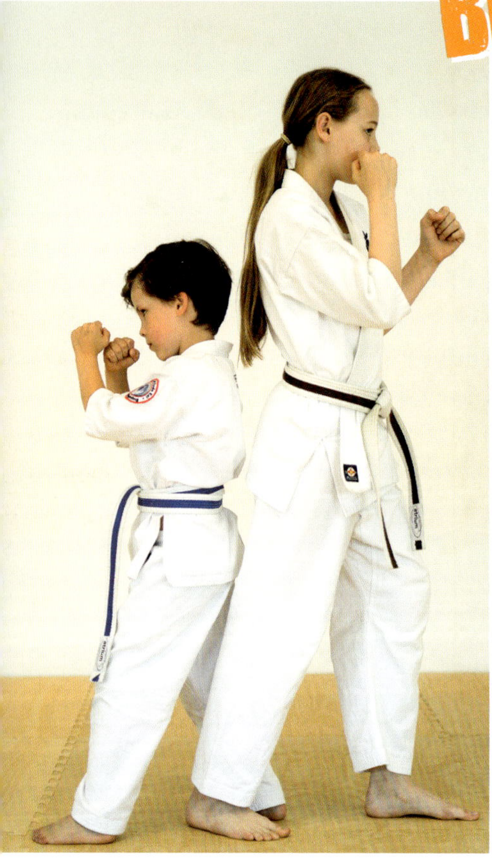

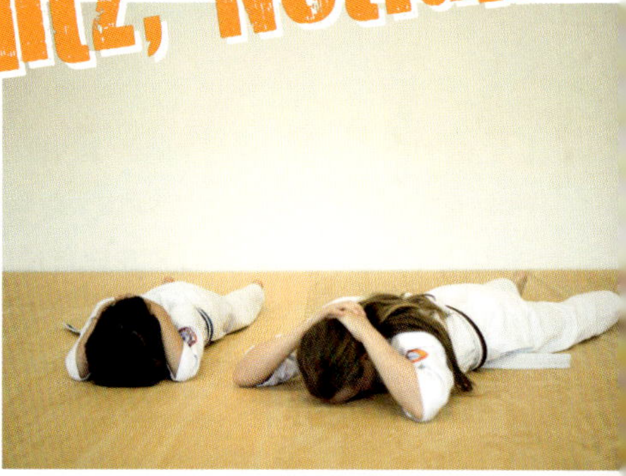

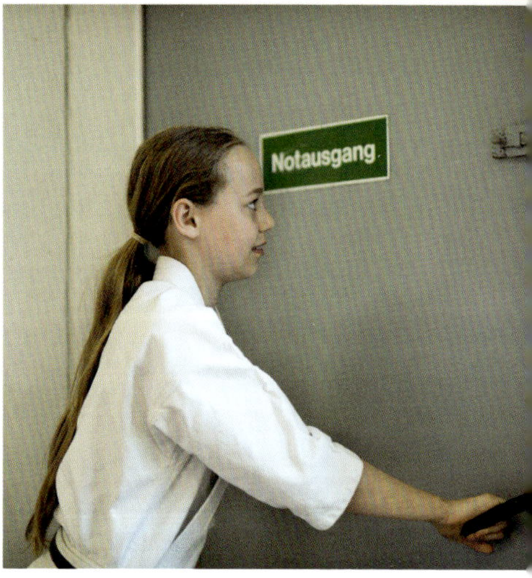

Zielsetzung:	Reaktion, Ausdauer, Wahrnehmung, Koordination, Verteidigung
Level:	Anfänger
Material:	Kein Zusatzmaterial nötig

ANLEITUNG:

Es gibt vier Signale vom Trainer. Bei dem Wort »Feuer« laufen alle Kinder zum Notausgang. Bei dem Wort »Wasser« steigen die Kinder auf etwas, was höher liegt als der Hallenboden. Bei dem Wort »Blitz« legen sich alle Kinder flach auf den Boden und bei dem Wort »Notfall« stellen sich die Kinder in die bereits gelernte Kampfgrundstellung. In jeder Runde muss dasjenige Kind die Spielfläche verlassen, das als Letztes das Ziel oder die Position erreicht hat.

Gürtelziehen

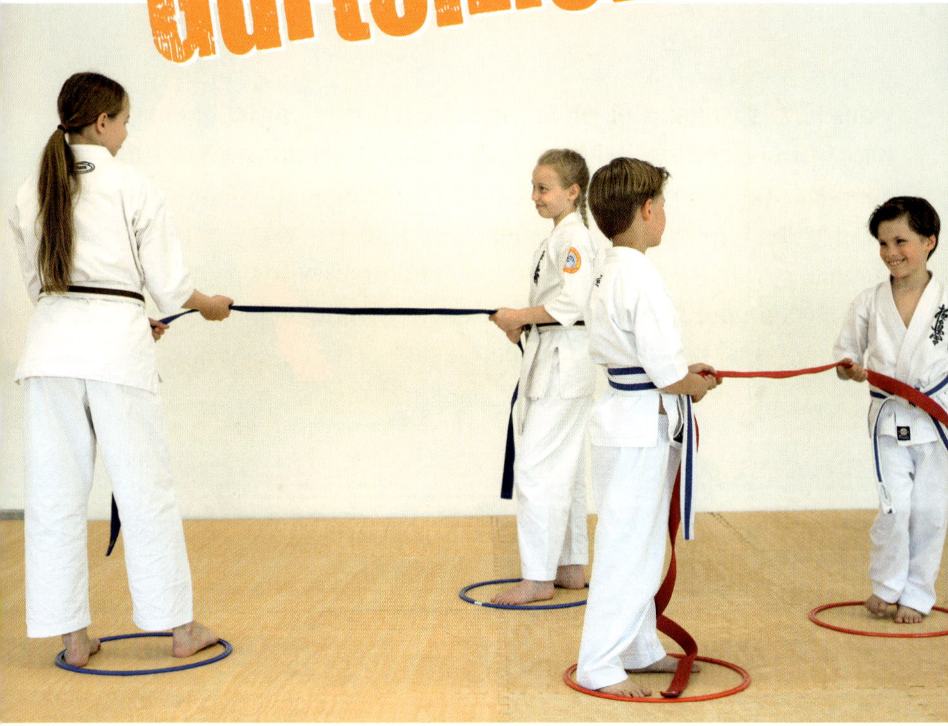

Zielsetzung:	Maximalkraft, Ausdauer, Ehrgeiz, Griffkraft, Standtechniken
Level:	Anfänger
Material:	eigene Gürtel, Seil

ANLEITUNG:

Jedes Kind sucht sich einen Partner. Sie nehmen entweder einen ihrer Gürtel oder ein Seil und stellen sich einander gegenüber. Optional kann man die Kinder in je einen Reifen stellen, um ihren Bereich deutlich zu machen. Sie dürfen in den verschiedenen Kampfständen nun Seilziehen und den Kontrahenten aus seinem Bereich heraus- bzw. an sich heranziehen. Wer zuerst 5 Mal hintereinander gewonnen hat, gewinnt das Duell.

Hundefänger

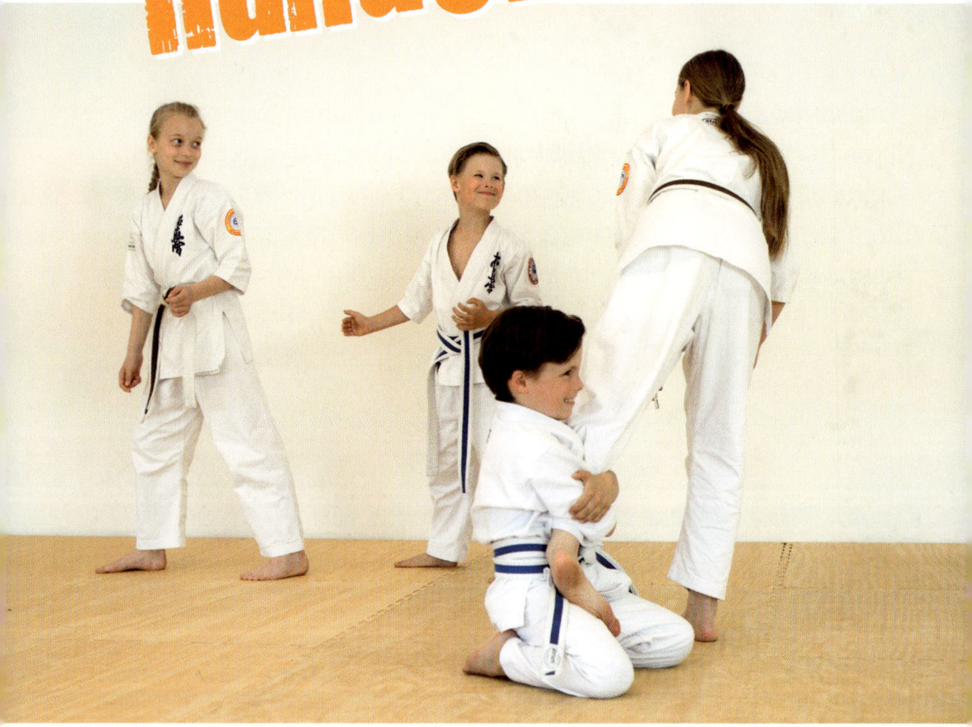

Zielsetzung:	Agilität, Körperspannung, Schnellkraft, Griffkraft, Ausdauer, Körperspannung
Level:	Anfänger
Material:	Kein Zusatzmaterial nötig

ANLEITUNG:

Zwei bis drei Ticker werden ausgewählt. Die Ticker gehen auf allen Vieren und dürfen sich während des Spiels nur noch »wie ein Hund« fortbewegen. Die Gruppe darf sich aufrecht im Raum bewegen. Die Aufgabe der Ticker ist es, die laufenden Kinder auf den Boden zu bekommen, indem sie sie an den Armen oder Beinen hinunterzerren. Sobald irgendetwas anderes als die Füße den Boden berührt, muss das Kind sich den Tickern anschließen und ebenfalls als »Hund« die anderen Kinder fangen. Wenn alle getickt sind, ist die Runde beendet.

Kranich und Adler

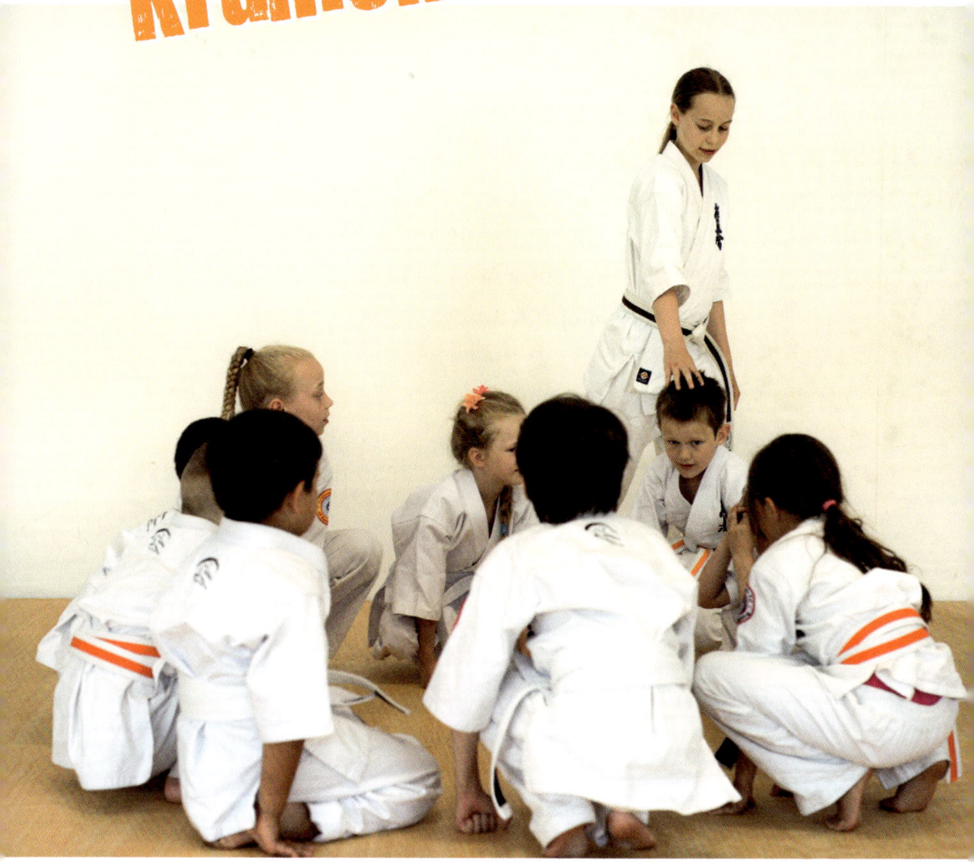

Zielsetzung:	Ausdauer, Aufmerksamkeit, Konzentration, Reaktion, Explosionskraft
Level:	Anfänger
Material:	Kein Zusatzmaterial nötig

ANLEITUNG:

Die Kinder sitzen in einem Kreis und ein Ticker wird ausgewählt. Er darf außen um den Kreis herumgehen und den Kindern einen Namen geben: entweder Kranich oder Adler. Bei dem Namen Kranich bleibt das Kind sitzen. Sollte ein sitzendes Kind »Adler« genannt werden, läuft es dem Ticker hinterher. Sollte der Ticker schnell genug sein und sich nach einer Runde auf den Platz des »Adlers« setzen können, beginnt eine neue Runde, diesmal mit dem Adler-Kind. Sollte das Adler-Kind den Ticker innerhalb der einen Runde getickt haben, muss der Ticker wieder herumgehen und den Kindern einen Namen geben. Das Spiel beginnt wieder von vorn.

Schwänzchen ziehen

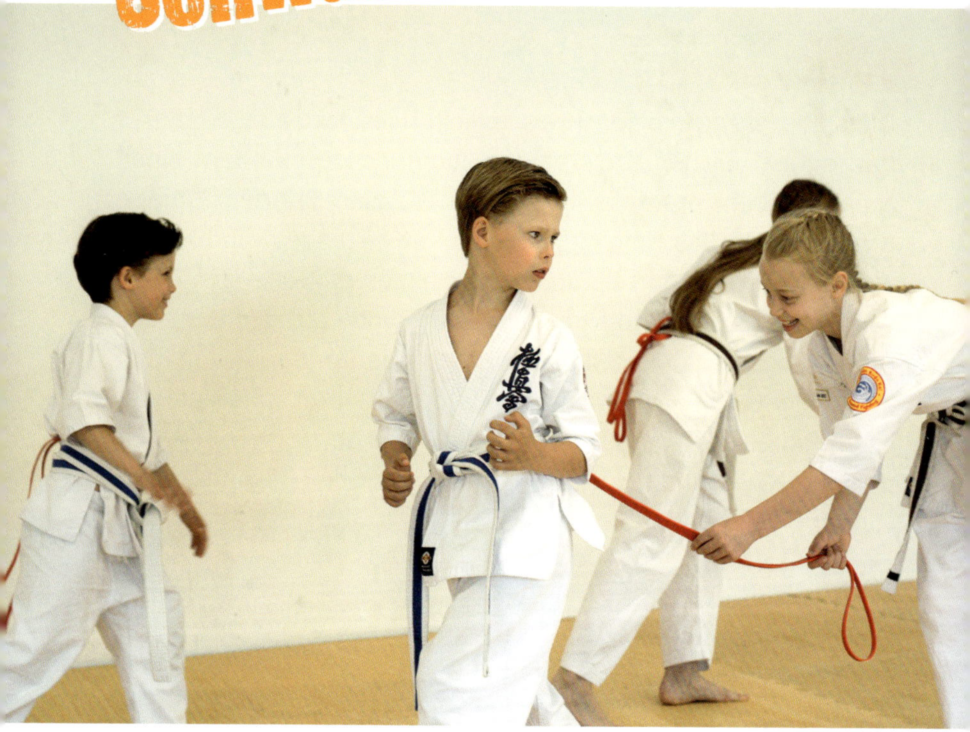

Zielsetzung:	Agilität, Explosionskraft, Taktik, räumliche Wahrnehmung, Verteidigungstechnik, Rückendeckung
Level:	Anfänger
Material:	(Ticker-)Bändchen

ANLEITUNG:

Jedes Kind bekommt ein Bändchen und steckt es gut erkennbar hinten in die Hose oder bei einem Gi hinter den Gürtel. Das Ziel ist es, jedem das Bändchen zu klauen und sein eigenes zu schützen. Wer sein Bändchen verloren hat, geht an den Rand und macht Hampelmänner, bis die Runde zu Ende ist.
Gewonnen hat das Kind mit den meisten Bändchen.

Schweinchen in der Mitte

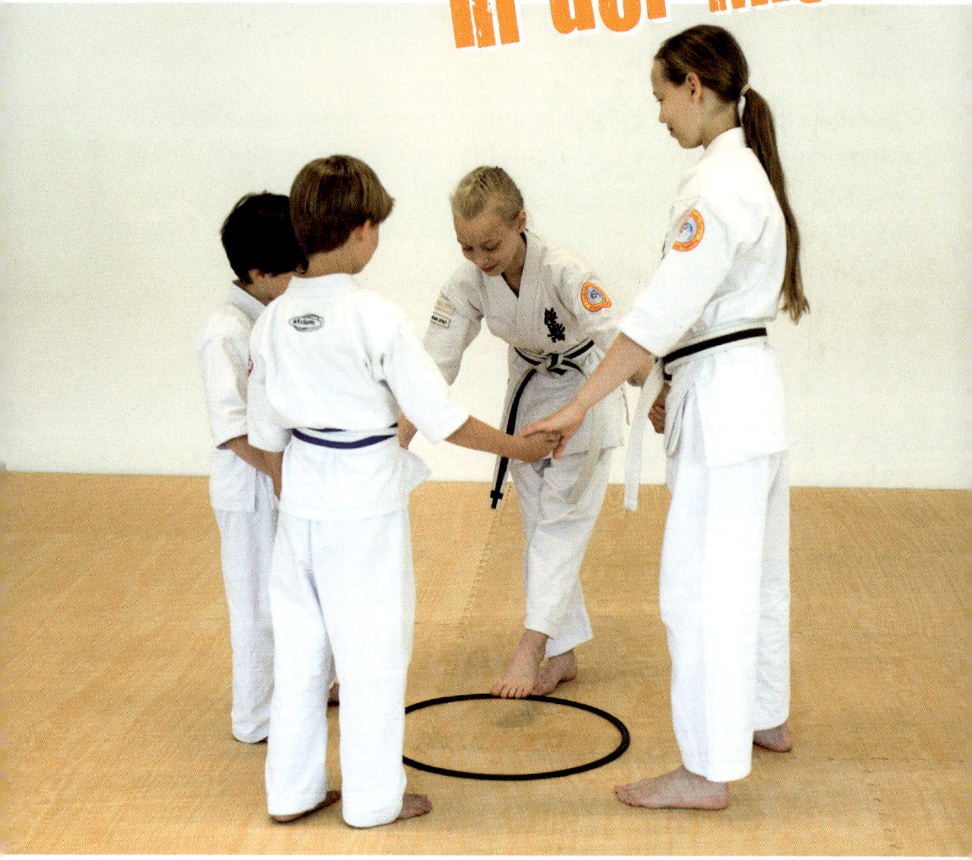

Zielsetzung:	Durchsetzungsvermögen, Kraft, Technik, Taktik, Standtechnik
Level:	Anfänger
Material:	Reifen, Seil oder o. Ä.

ANLEITUNG:

Auf dem Boden wird ein Kreis markiert, per Seil oder Reifen. Außerhalb des Kreises positionieren sich die Kinder und halten ihre Nachbarn an der Hand. Nun versuchen die Kinder, den Nachbarn in den Kreis zu ziehen oder zu drücken. Wer den Kreis betritt, muss sich kurz aus dem Kreis lösen und eine Aufgabe bewältigen. (z. B. eine Runde um die Gruppe laufen, Kinder-Burpee usw.)

Wer ist sicher?

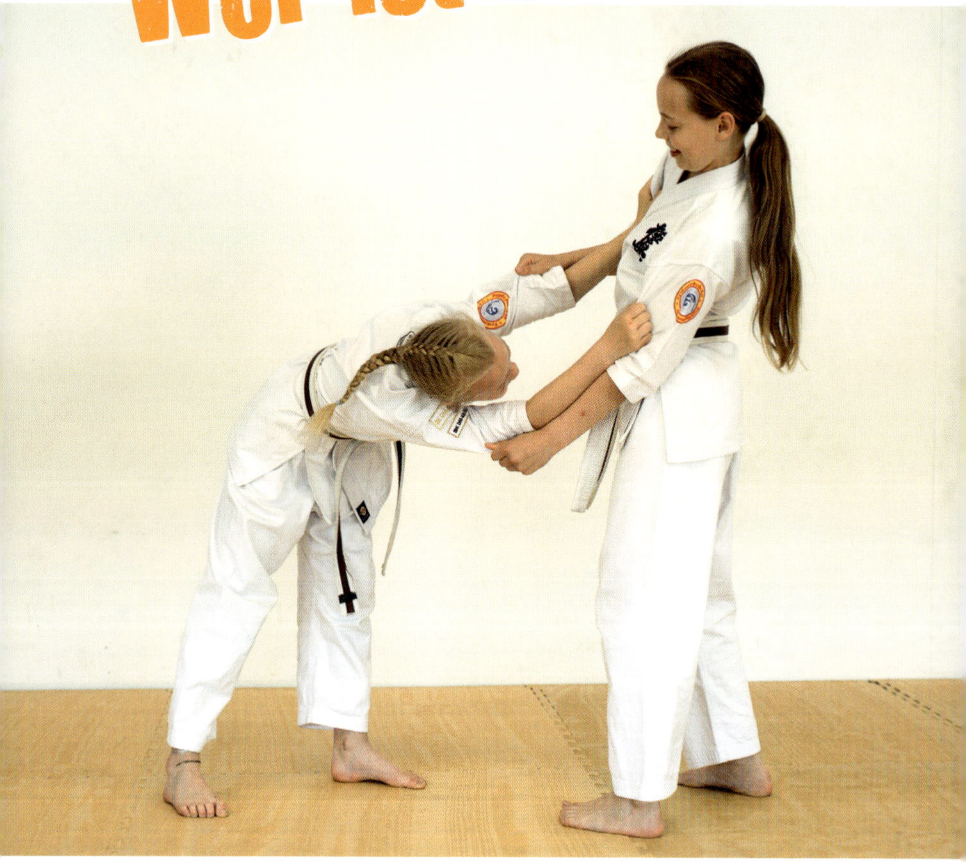

Zielsetzung:	Standtechnik, Taktik, Geduld, Ausdauer, Kraft, soziale Kompetenz, Körpergefühl
Level:	Anfänger
Material:	Kein Material nötig

ANLEITUNG:

Zwei Kinder finden sich zusammen und stellen sich in Kampfposition/Grundstellung gegenüber. Die Hände halten die Kinder auf Brusthöhe mit den Handflächen in Richtung des Trainingspartners oder sie halten sich an dessen Jacke fest. Beim Signal des Trainers versuchen die Kinder, das Gegenüber aus dem Gleichgewicht zu bringen. Wer die Füße bewegt, hat verloren und muss 5 Kniebeugen machen.

Danach wird der Partner gewechselt.

Fussticken

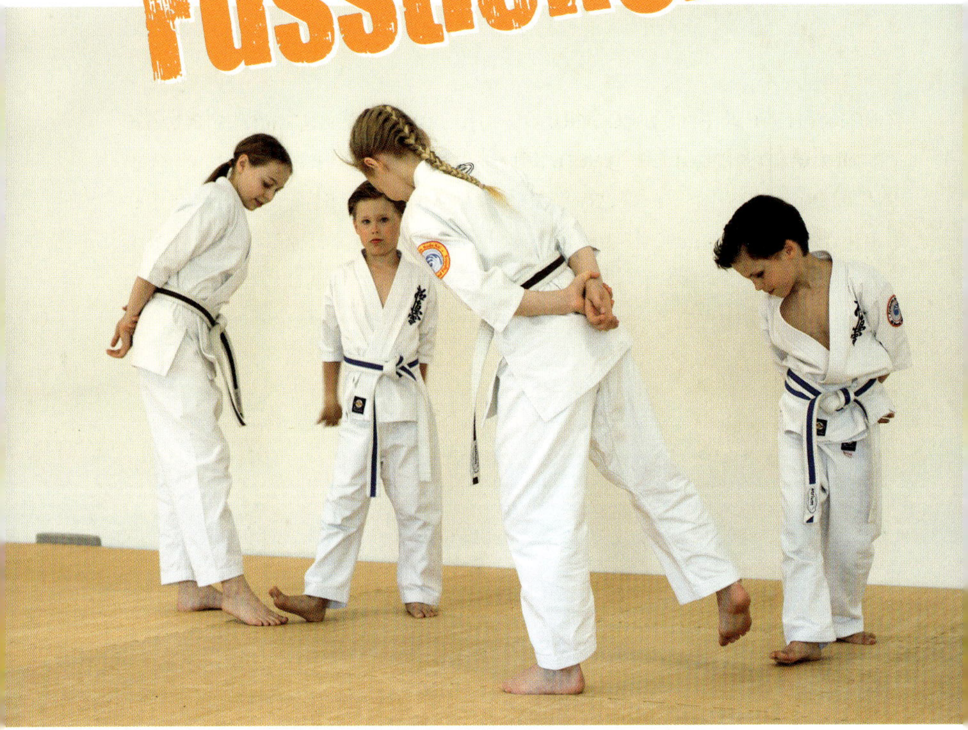

Zielsetzung:	Agilität, Schnellkraft, Schnelligkeit, Taktik, Augen-Fuß-Koordination
Level:	Anfänger und Fortgeschrittene
Material:	Kein Zusatzmaterial nötig

ANLEITUNG:

Jedes Kind legt die Hände auf den Rücken und versucht die Füße der anderen Kinder zu ticken. Jedes Kind hat 3 Leben, von denen es jeweils eines verliert, wenn ein fremdes Kind seinen Fuß berührt. Gewonnen hat das Kind, welches als letztes auf dem Spielfeld ist. Je nach Intensität können die Kinder, die aus der Runde rausgeflogen sind, sportliche Übungen machen oder anfeuern.

Hühnchen rupfen

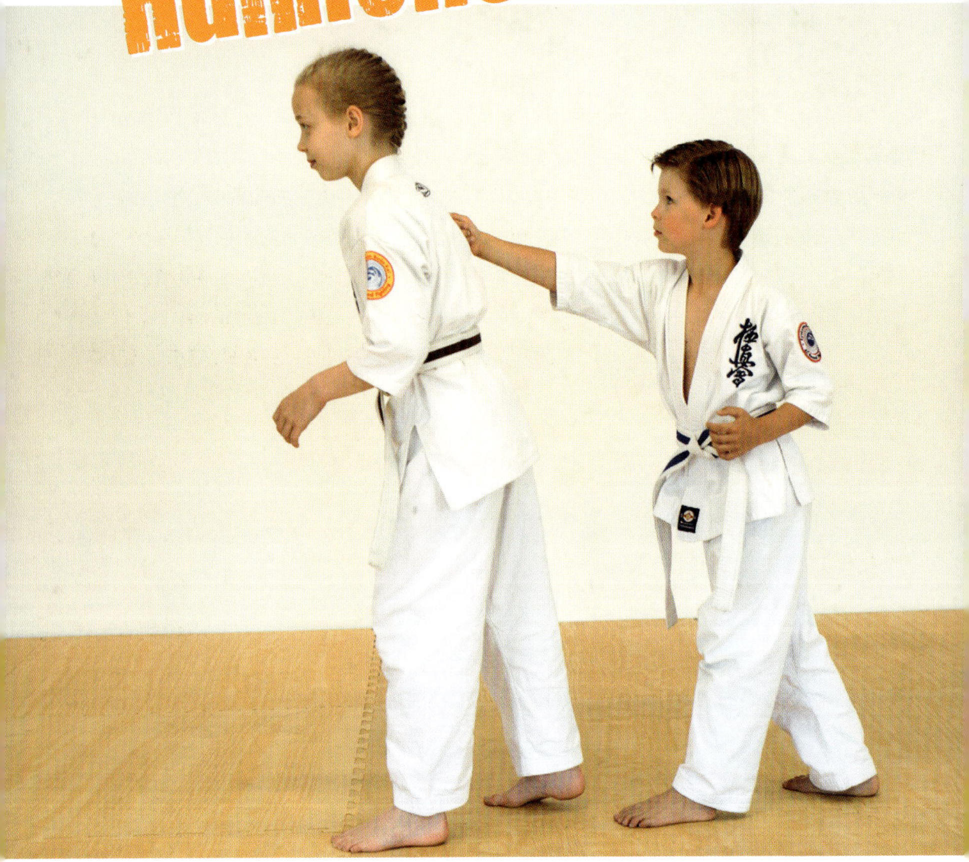

Zielsetzung:	Verteidigung, Wahrnehmung, Stressresistenz, Schnelligkeit, Reflexe, Koordination, Agilität
Level:	Anfänger und Fortgeschrittene
Materialen:	Tesafilm o. Ä.

ANLEITUNG:

Jedes Kind erhält einen Tesastreifen, gleichsam eine »Feder«. Nun wird ein Kind ausgesucht, an das alle Tesastreifen geklebt werden, es spielt das sogenannte »Huhn«. Nachdem alle Tesastreifen angeklebt sind, gibt der Trainer das Startsignal und jedes Kind versucht nun, dem Huhn die Tesastreifen, die »Federn« zu stehlen. Wenn ihnen das Huhn dabei auf die Finger schlägt, werden sie bewegungslos und versteinern auf der Stelle. Zum Schluss wird geschaut, ob es mehr versteinerte Kinder oder gerupfte Federn gibt. Das Huhn gewinnt, wenn es mehr versteinerte Kinder gibt.

Muscheln fangen

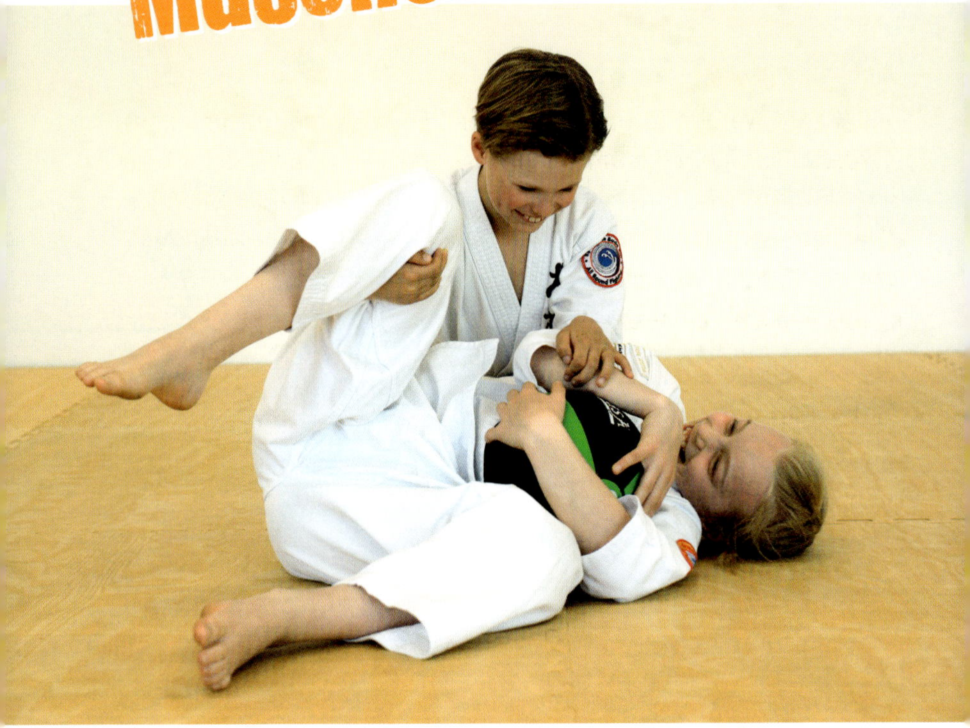

Zielsetzung:	Kraft, Ausdauer, Maximalkraft, situatives Arbeiten, Durchsetzungsvermögen
Level:	Anfänger und Fortgeschrittene
Material:	Kleine Softbälle, Tennisbälle o. Ä.

ANLEITUNG:

Die Kinder werden in Paaren sortiert. Es sollte darauf geachtet werden, dass sie ungefähr die gleiche Körpergröße haben. Eines der Kinder erhält einen kleinen Ball oder ein ähnlich weiches Gerät, das es auf seinem Bauch positioniert. Der Ball ist die Perle und der Körper des Kinders die Muschel. Nun darf das Kind sich so positionieren, dass der Ball im Körperzentrum versteckt ist. Das andere Kind darf dann beim Anpfiff versuchen, die Perle zu stehlen. Gelingt es ihm, hat es einen Punkt erworben und es wird gewechselt.

Ritter der Kokosnuss

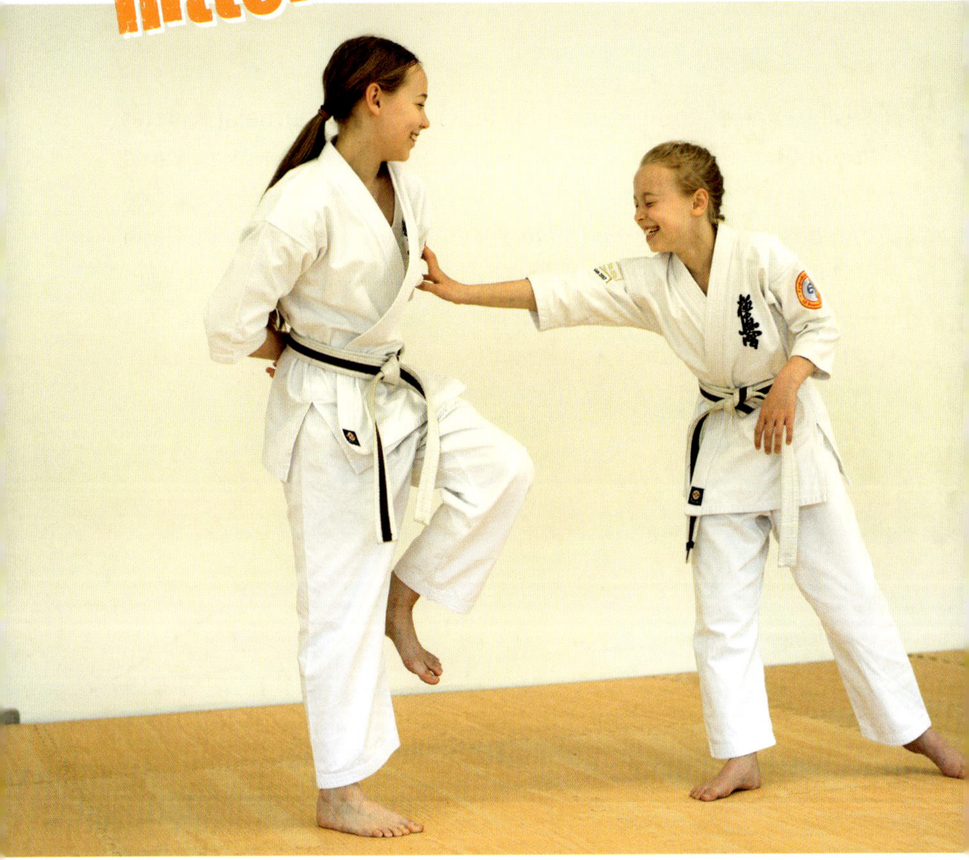

Zielsetzung:	Reaktion, Schnellkraft, Ausdauer, Verteidigung und Angriffstaktik
Level:	Anfänger und Fortgeschrittene
Material:	Kein Zusatzmaterial nötig

ANLEITUNG:

Jedes Kind besitzt zu Beginn 4 Trefferzonen: beide Arme und beide Beine (Oberschenkel). Getickt werden darf mit den Händen und jeder darf jeden ticken. Wer am Arm oder Bein berührt würde, darf entweder diesen Arm nicht mehr zum Ticken nutzen oder das Bein zum Laufen. Sollten beide Beine getickt sein, muss das Kind auf der Stelle verharren.

Das letzte Kind mit Trefferzonen hat das Spiel gewonnen.

SOS-Ticken

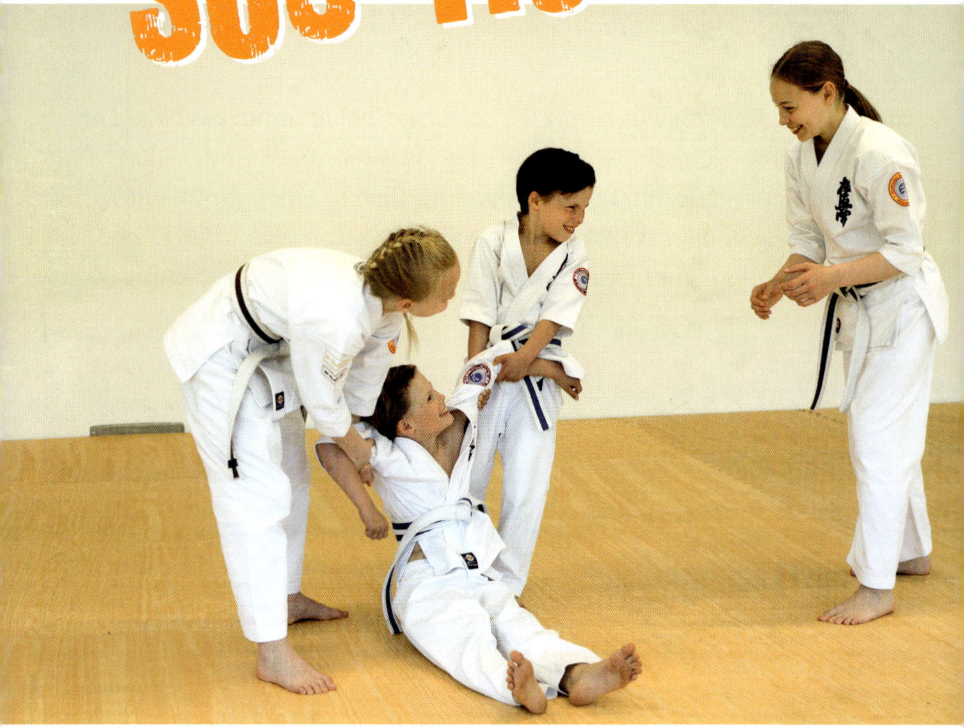

Zielsetzung:	Zivilcourage, Wahrnehmung, Orientierung, Taktik, Ausdauer, Schnellkraft
Level:	Anfänger und Fortgeschrittene
Material:	Kein Zusatzmaterial nötig

ANLEITUNG:

Je nach Gruppengröße werden 1–3 Ticker ausgewählt. Sollte ein Kind getickert worden sein, muss es sich auf den Boden legen. Die aktiven Kinder können die getickten Kinder befreien, wenn mindestens zwei Kinder dem liegenden Kind hochhelfen. Im besten Fall fassen sie sich dabei bei den Händen.

Schulterticken

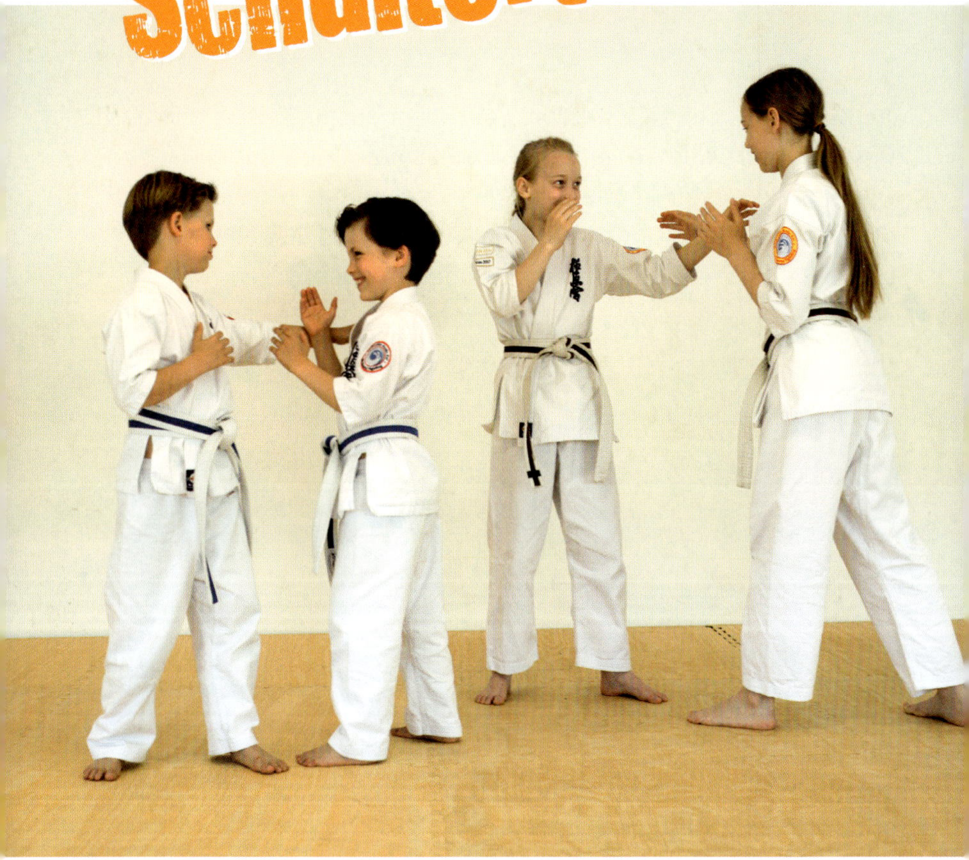

Zielsetzung:	Auge-Hand-Koordination, Kampfgefühl, Taktik, Reaktion, Schnellkraft, Dynamik, Verteidigung
Level:	Anfänger und Fortgeschrittene
Material:	Kein Zusatzmaterial nötig

ANLEITUNG:

Die Kinder suchen sich einen Partner. In einer sauberen Kampfposition versuchen die Kinder, sich gegenseitig die Schulter zu ticken.

Optional kann man noch weitere Trefferzonen festlegen, z. B. Bauch, Oberschenkel, Stirn usw. Wer 3 Treffer erzielt hat, gewinnt die Runde und darf nach traditionellem Abgrüßen/Verabschieden einen neuen Partner wählen. Der Verlierer macht 5 Kinder-Burpees.

Kaisers Wachen

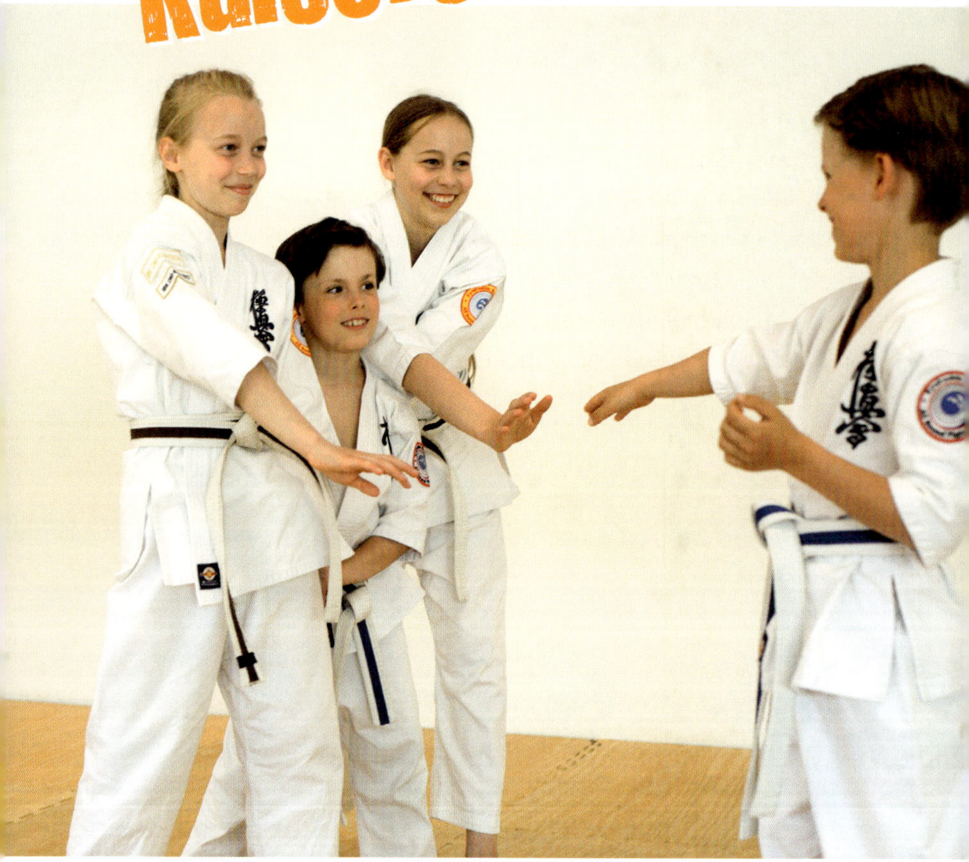

Zielsetzung:	Agilität, Auge-Hand-Koordination, Schnelligkeit, Konzentration, Durchsetzungsvermögen, Wahrnehmung, Verantwortungsgefühl, Ausdauer
Level:	Fortgeschrittene
Material:	Kein Zusatzmaterial nötig

ANLEITUNG:

Die Kinder finden sich in Vierergruppen zusammen. Einer der vier Kinder wird zum »Kaiser« gewählt. Zwei weitere werden zur »Wache« des Kaisers erwählt. Die Wache und der Kaiser halten sich an den Händen fest. Der vierte ist der »Eindringling« und muss jetzt versuchen, den Kaiser zu ticken. Die Wache schützt den Kaiser mit ihrem Körper. Ist der Kaiser getickt, rotiert die Aufgabenverteilung und jemand anderes wird Kaiser, Wache und Eindringling usw. Optional legt der Trainer die Runde zeitlich fest, z. B. 15 Sekunden.

Knieticken

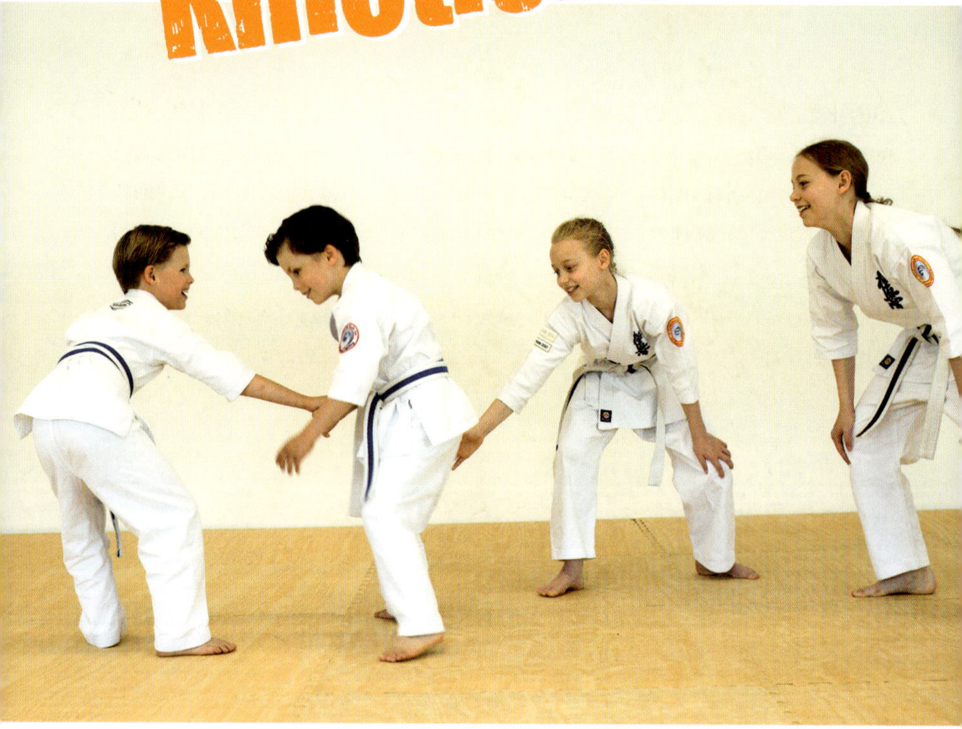

Zielsetzung:	Verteidigung, Flexibilität, situatives Handeln, Taktik, Schnellkraft, Kraft, Ausdauer
Level:	Fortgeschrittene
Material:	Kein Zusatzmaterial nötig

ANLEITUNG:

Alle Kinder versuchen, mit ihren eigenen Händen ihre Knie zu schützen. Gleichzeitig soll versucht werden, die Knie des anderen zu ticken. Wer ein Knie tickt, auf dem noch die Hand als Schutz liegt, bekommt einen Punkt. Wer es schafft, ein Knie zu ticken, das ungeschützt ist, bekommt zwei Punkte. Der Trainer gibt die Dauer des Spieles vor, max. 3 Minuten oder die zu erreichende Punktzahl: 10–15 Punkte.

Das Kind mit den meisten Treffern oder welches die Punktzahl zuerst erreicht hat, hat gewonnen.

TIPP: Die Kinder sollten bei den Punkten laut mitzählen, damit es die anderen Teilnehmer motiviert und keiner schummeln kann.

Bewegungsspiele

In jedem Bewegungssport kommt es auf verschiedene Grundfertigkeiten an, die gerade bei Kindern stark gefördert und entwickelt werden sollten. Dazu zählen Körperkraft, Ausdauer und Schnelligkeit in besonderem Maße. Kampfsport eignet sich in seiner Vielfalt besonders, um die oben genannten Fähigkeiten zunächst einzeln und im weiteren Vorgehen kombiniert zu trainieren. Ob es die Beweglichkeit der Beine für hohe Tritte ist, oder aber die Körperkraft beim Ringen und Raufen, jede Ausbildung separater Fähigkeiten lässt sich durch motorische Spiele unterstützen. Für das Kind hat diese Herangehensweise den Vorteil, dass es besser in die Lage versetzt wird, auch komplexere Bewegungsmuster umzusetzen und sich an den Lernstoff zu erinnern. Gerade bei jüngeren Kindern im Grundschulalter ist es zweckdienlich, gezielt Spiele zu nutzen, welche Elemente von Kampfbewegungen beinhalten. Somit werden spielerisch motorische Muster angelegt, auf die im späteren Verlauf zurückgegriffen werden kann.

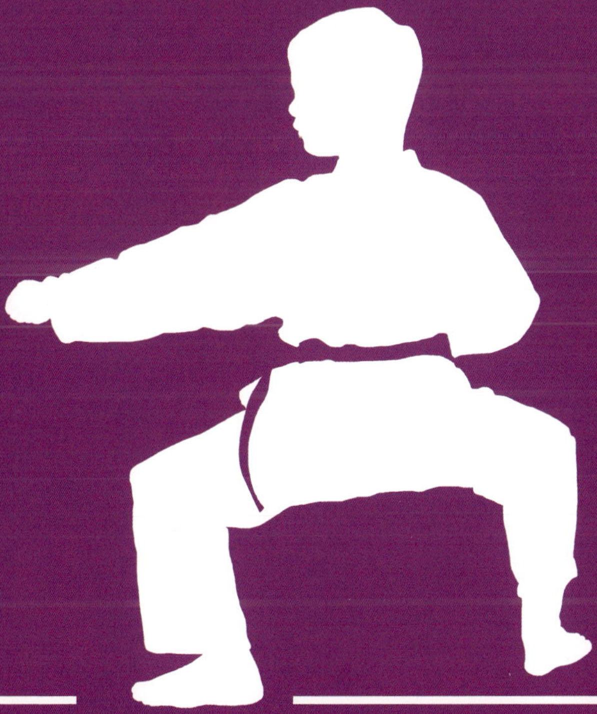

Flash

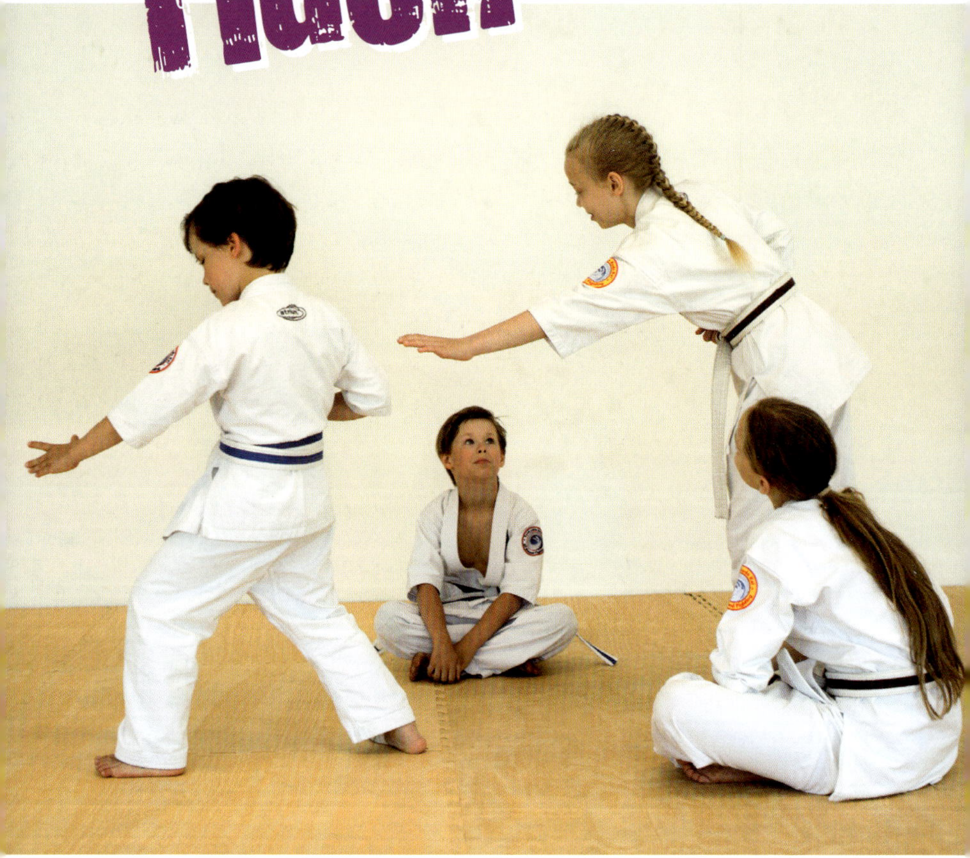

Zielsetzung:	Ausdauer, Schnelligkeit, Koordination, Wahrnehmung, räumliches Sehen
Level:	Anfänger
Material:	Kein Material nötig

ANLEITUNG:
Die Gruppe wird in der Halle verteilt. Die Gruppenanzahl sollte zwischen 7–20 Kindern betragen. Ein Kind befindet sich am Hallenende. Es hat die Aufgabe, alle Kinder zu ticken. Die Zeit wird gemessen, wie lange das Kind dafür braucht. Sobald das Kind ein anderes berührt hat, setzt jenes sich hin, damit nachvollziehbar bleibt, welche Kinder noch getickt werden müssen. Am Ende des Spiels hat das schnellste Kind gewonnen. Optional kann das Fortbewegen variiert werden, z. B. mit »Sidesteps«.

Boden Pong

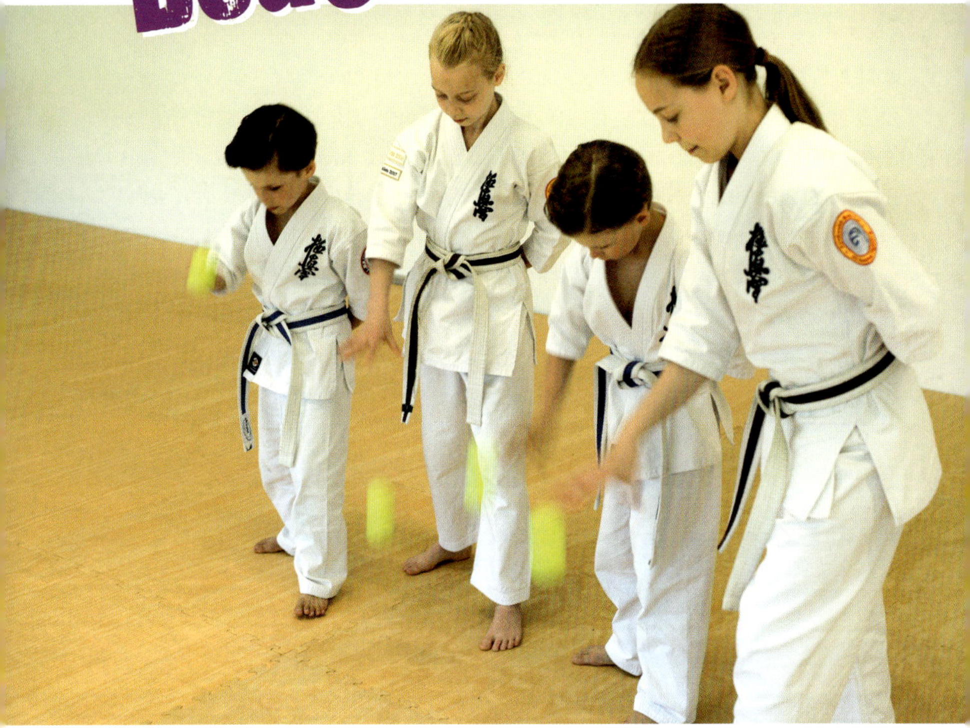

Zielsetzung:	Reaktionsvermögen, Auge-Hand-Koordination,
Level:	Anfänger
Material:	Pro Kind ein Tennisball

ANLEITUNG:

Jedes Kind erhält einen Tennisball. Diesen gilt es, 60 Sekunden lang auf den Boden zu prellen. Je nach Spielverlauf können Modifizierungen das Spielniveau ändern und erhöhen, wie z. B.:

- beide Hände prellen den Ball im Wechsel,
- das Prellen darf nur mit einer Hand erfolgen,
- die ruhende Hand muss während des Prellens schnipsen/klatschen,
- es soll ein Punkt auf dem Boden getroffen werden,
- die Kinder probieren während des Prellens dynamische Übungen aus, wie Sidesteps, Hopsalauf usw.

Asgard

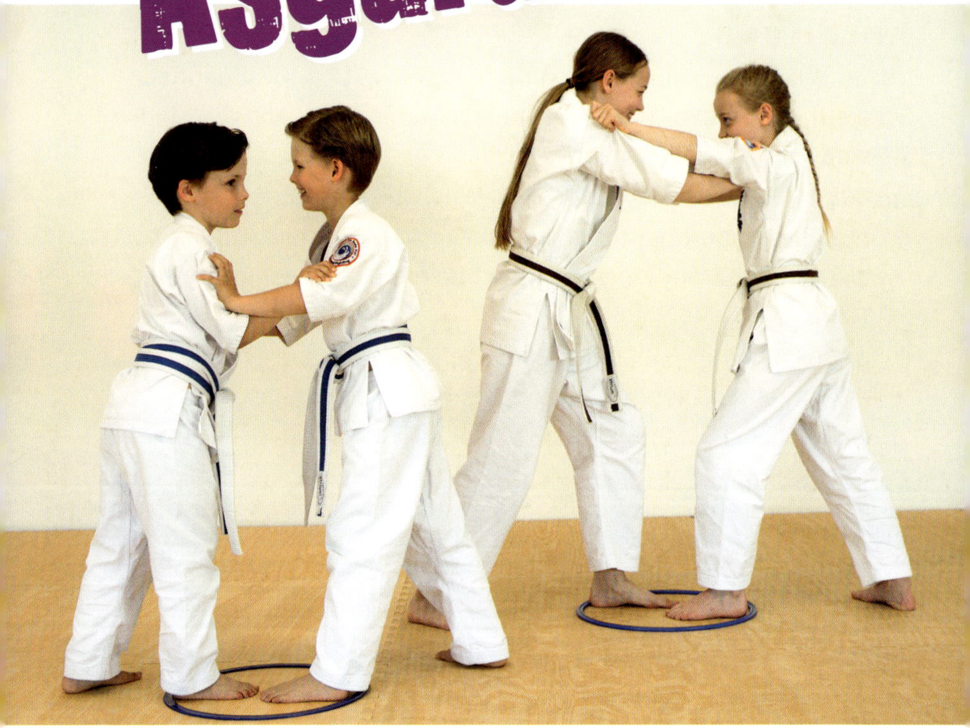

Zielsetzung:	Standtechnik, Ausdauer, Feingefühl, Kraft
Level:	Anfänger
Material:	Kein Zusatzmaterial nötig

ANLEITUNG:

Die Kinder suchen sich einen Partner. Die beiden Partner erhalten zusammen einen Reifen, den sie auf den Boden legen. Der Reifen stellt das Portal nach Asgard dar. Zusatzoption: Ein Kind ist Loki und das andere ist Thor. Nun dürfen sich die Kontrahenten gegenüberstellen, wobei ein Fuß in den Ring gestellt wird. Die Kinder sollten sich dabei für eine bereits gelernte Kampfposition entscheiden. Nun versuchen die Kinder, ihren Kontrahenten daran zu hindern, in das Portal nach Asgard (Ring) zu gelangen. Regeln wie z. B. »nur ziehen und drücken«, »mit oder ohne Bein wegziehen« usw., müssen vorweg definiert werden. Wer es schafft, alleine im Portal zu stehen, hat gewonnen.

Kick it!

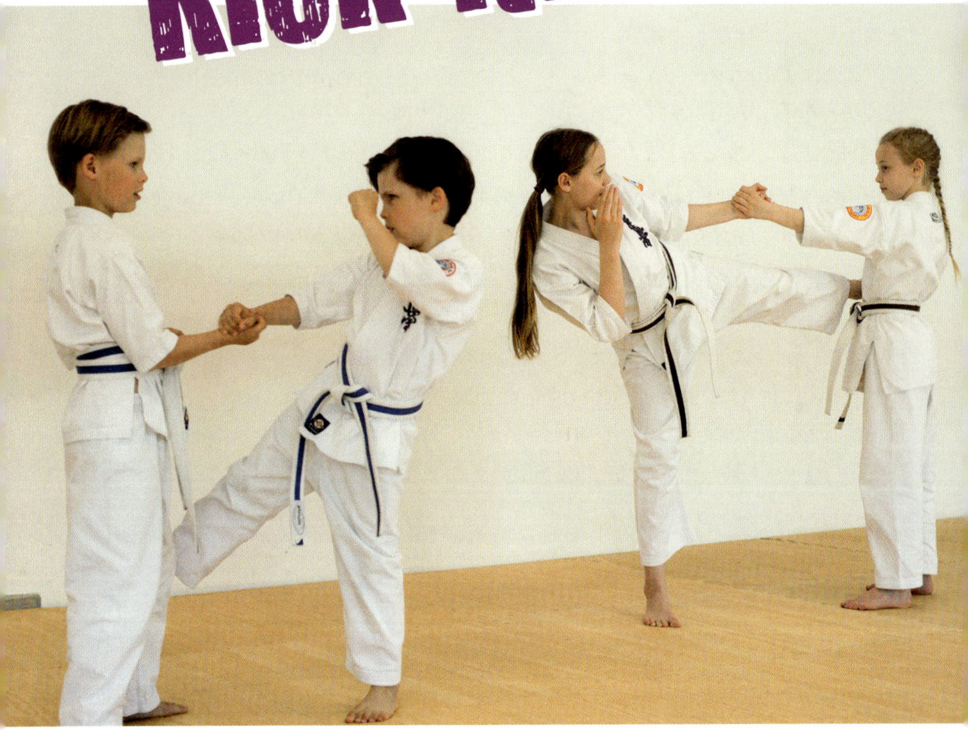

Zielsetzung:	Tritttechniken, Koordination, Konzentration, Kooperation
Level:	Anfänger
Material:	Kein Zusatzmaterial nötig

ANLEITUNG:
Es werden Paare gebildet, die ungefähr die gleiche Körpergröße haben. Die beiden Partner stehen sich gegenüber, linker Fuß steht vorn, und sie halten sich im Artistengriff mit der rechten Hand fest. Nun gilt es, abwechselnd Trittübungen zu machen. Diese werden zuvor vom Trainer definiert, z. B. einen High-Kick.
Die Kinder dürfen sich nicht berühren, jedoch muss die Technik sauber ausgeführt werden. Der Trainer geht herum und vergibt Sterne. Bei jeder neuen Übung (z. B. Beinwechsel, Low-Kick usw.) werden wieder neue Sterne verteilt. Das Paar, das als erstes 10 Sterne gesammelt hat, hat die Übung gewonnen.

Ninja, Stopp & Go

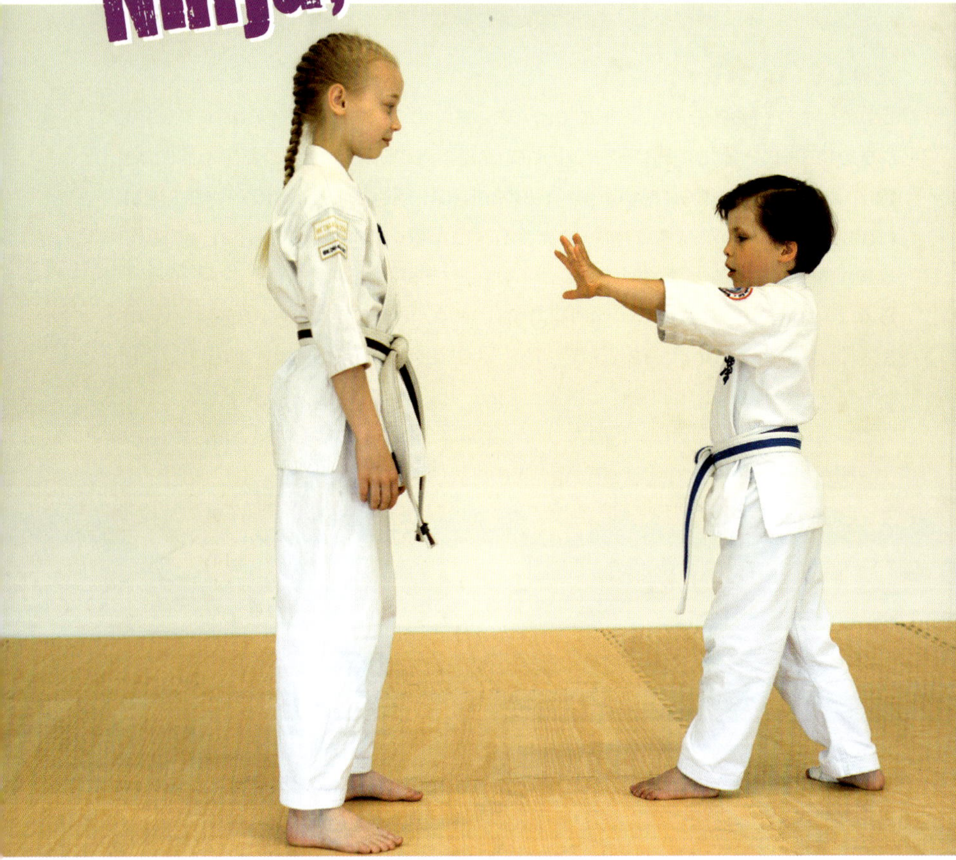

Zielsetzung:	Schnelligkeit, Reflexe, Wahrnehmung, Selbstverteidigungstechnik
Level:	Anfänger
Material:	Optional Musikanlage

ANLEITUNG:

Zuvor lernen die Kinder für den Notfall zu schreien: »Stopp, lassen sie mich in Ruhe!«, zudem eine feste Standposition. Die Kinder laufen durch die Halle. Der Trainer kann mit Musik oder einfach nur per Signal deutlich machen, dass die Kinder stehen bleiben und die Notfallreaktion mit dem Schreien ausführen sollen. Der Schnellste bekommt einen Punkt. Das Kind mit den ersten 10 Punkten hat gewonnen.

Ninja Stock

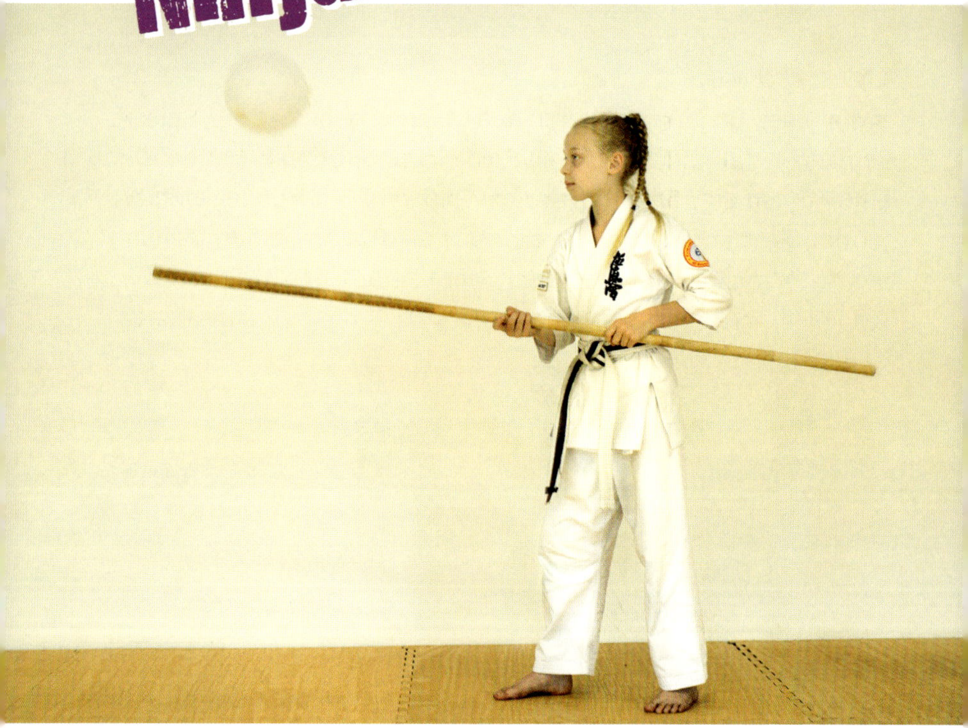

Zielsetzung:	Koordination, Konzentration, Feingefühl, Umgang mit einem Stock
Level:	Anfänger
Material:	Pro Kind ein Stock und ein Luftballon

ANLEITUNG:

Jedes Kind erhält einen Stock und einen Ballon. Ziel des Spieles ist es, den Luftballon mit dem Stock in der Luft zu behalten. Der Luftballon darf während der Zeit nicht mit den Händen berührt werden. Sollte der Luftballon den Boden berühren, ist der Schüler aus dem Rennen und muss sich hinsetzen. Der Schüler, der den Luftballon am längsten in der Luft behalten hat, gewinnt die Runde.

Ninja Schwert

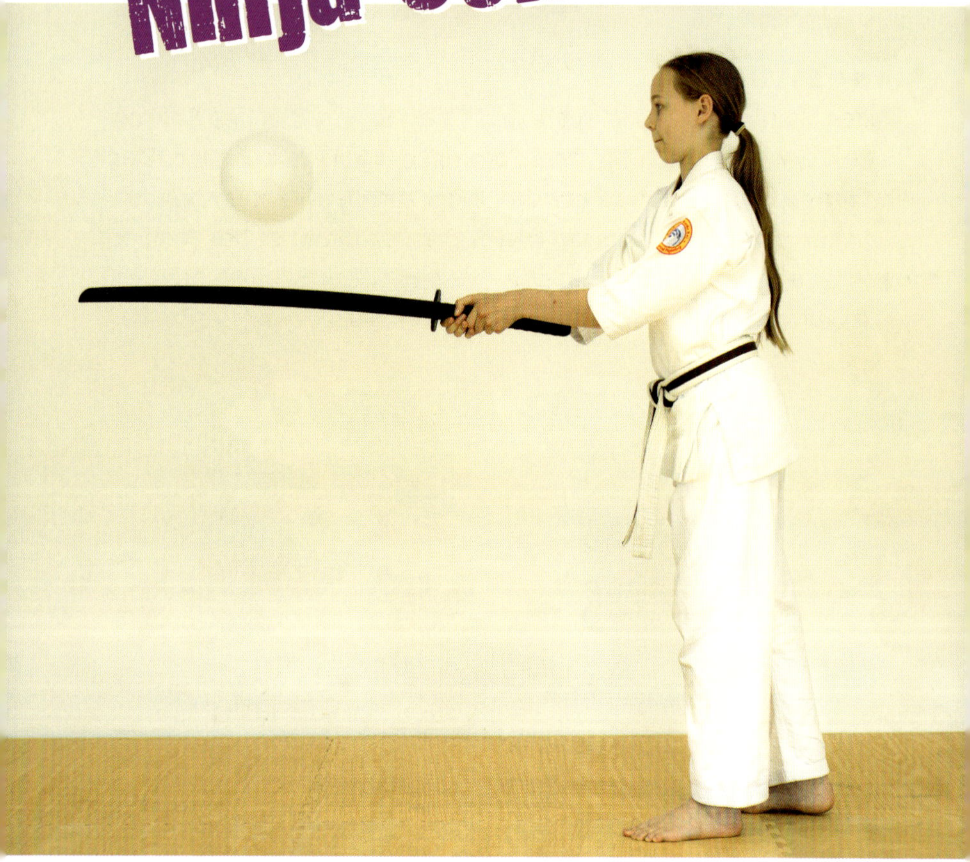

Zielsetzung:	Koordination, Konzentration, Feingefühl, Umgang mit einem Schwert
Level:	Anfänger
Material:	Pro Kind ein Schwert und ein Luftballon

ANLEITUNG:

Jedes Kind erhält ein Schwert und einen Ballon. Ziel des Spieles ist es, den Luftballon mit dem Schwert in der Luft zu halten. Der Luftballon darf während der Zeit nicht mit den Händen berührt werden. Sollte der Luftballon den Boden berühren, ist der Schüler aus dem Rennen und muss sich hinsetzen. Der Schüler, der den Luftballon am längsten in der Luft behalten hat, gewinnt die Runde.

Ninja Doppelkurz-Stock

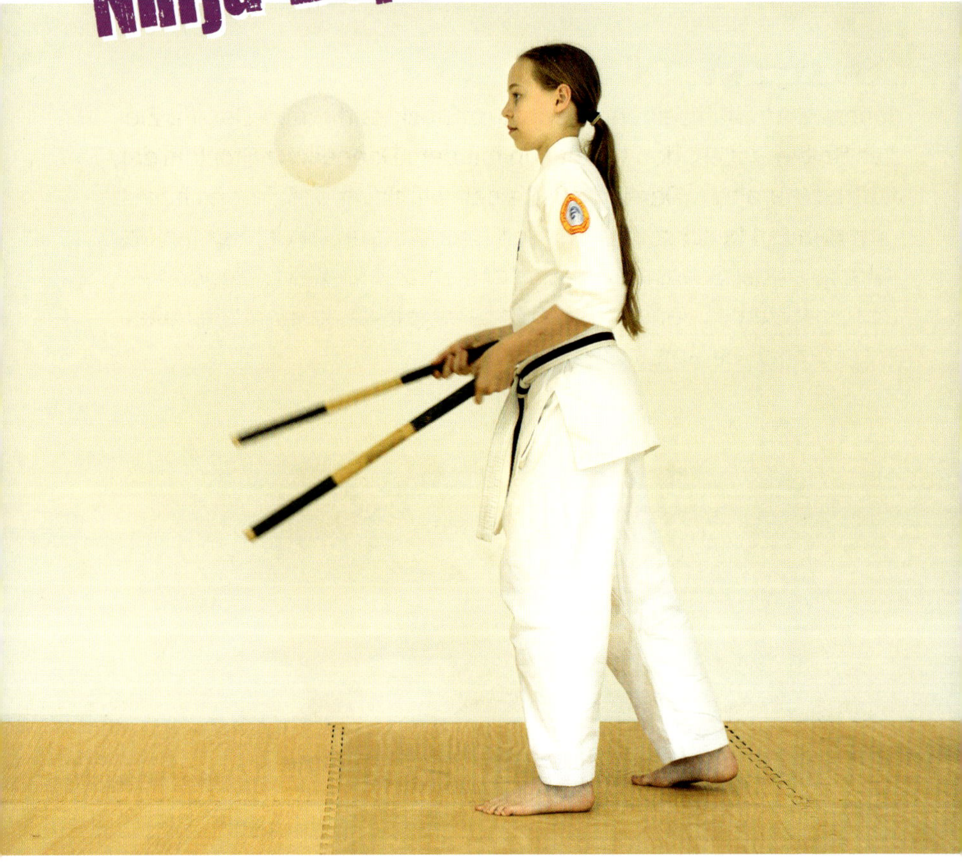

Zielsetzung:	Koordination, Konzentration, Feingefühl, Umgang mit einem Doppelkurz-Stock
Level:	Anfänger
Material:	Pro Kind ein Doppelkurz-Stock und ein Luftballon

ANLEITUNG:

Jedes Kind erhält einen Doppelkurz-Stock und einen Ballon. Ziel des Spieles ist es, den Luftballon mit dem Doppelkurz-Stock in der Luft zu behalten. Der Luftballon darf während der Zeit nicht mit den Händen berührt werden. Sollte der Luftballon den Boden berühren, ist der Schüler aus dem Rennen und muss sich hinsetzen. Der Schüler, der den Luftballon am längsten in der Luft behalten hat, gewinnt die Runde.

Schildkröten-Familie

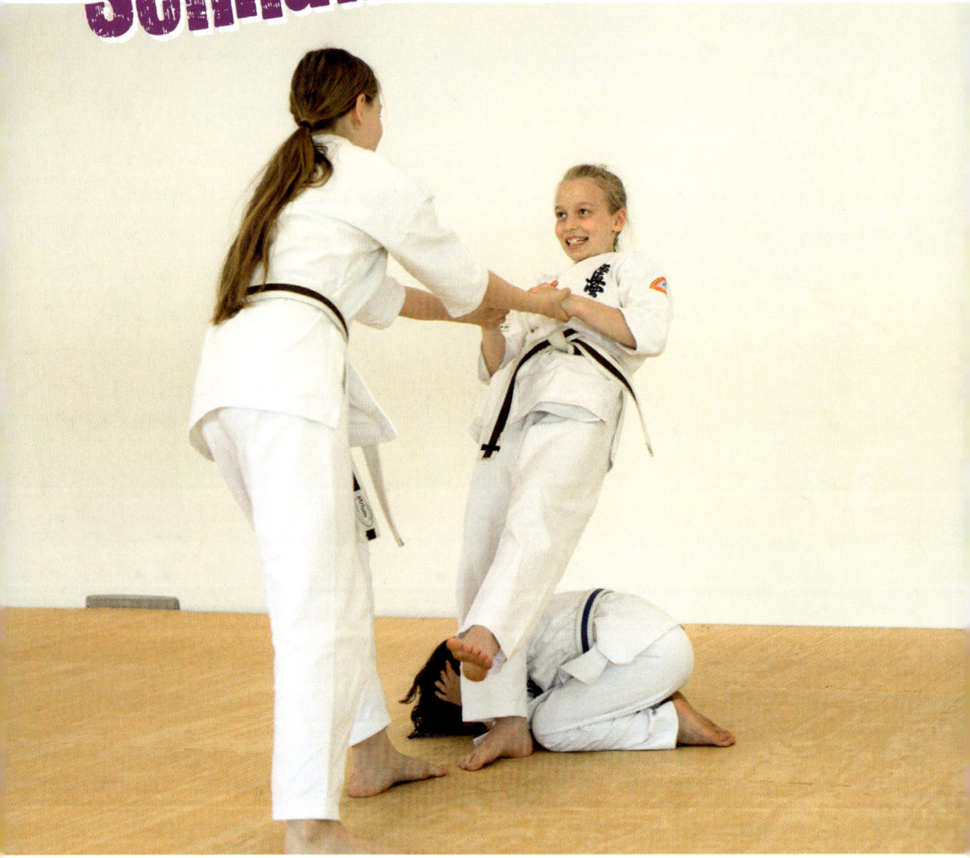

Zielsetzung:	Falltechnik, Kooperation, Vertrauen, Koordination
Level:	Anfänger
Material:	Kein Zusatzmaterial nötig

ANLEITUNG:

Drei Kinder bilden eine Schildkröten-Familie. Mama-, Papa- und Baby-Schildkröte. Papa-Schildkröte »legt sich schlafen«, das bedeutet, er macht sich ganz klein und geht dafür auf die Knie und legt den Kopf auf den Boden, die Hand über dem Kopf. Mama-Schildkröte geht mit der Baby-Schildkröte spazieren, so langsam jedoch, dass sie rückwärts gehen. Baby-Schildkröte darf sich nicht umdrehen und muss an der Hand geführt werden. Die Mama-Schildkröte sieht, wohin sie gemeinsam gehen und führt das Baby irgendwann zu Papa-Schildkröte, der hockend »schläft«. Dabei soll Baby-Schildkröte stolpern und sich sauber abrollen*. Die Gruppe wechselt in den Rollen eigenständig hin und her.

* Dies darf eine traditionelle Judorolle sein oder das klassische Abrollen, beim dem der Kopf nicht den Boden berührt und die Hände nicht zum Abstützen benutzt werden. Es gilt, sich weich abzurollen.

Beeptest

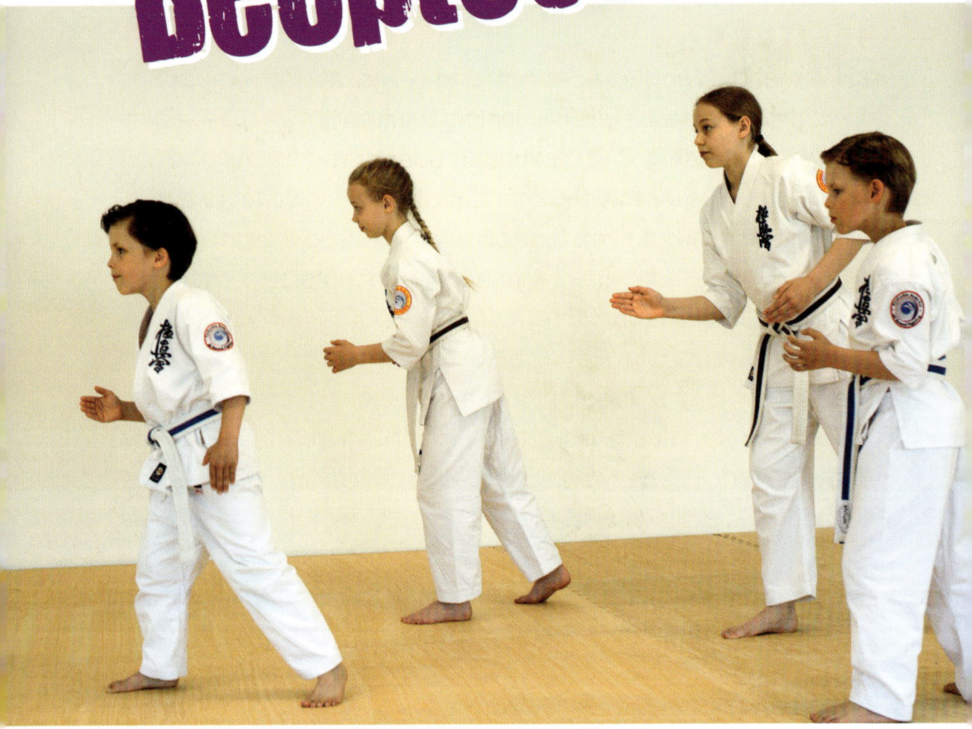

Zielsetzung:	Schnelligkeit, Ausdauer
Level:	Anfänger und Fortgeschrittene
Material:	Ggf. mit einer App wie »Vo2MaxBeep«

ANLEITUNG:

Die Hallenenden werden bestimmt und gekennzeichnet. Mit einer Linie wird klar, bis wohin die Kinder laufen müssen. Der Trainer legt eine Frequenz fest, z. B. 9 Sekunden oder nutzt die o. g. App. In dieser Zeit müssen es alle Kinder auf die andere Seite schaffen, also hinter der Linie stehen. Der Ton signalisiert, dass die Linie nun erreicht sein muss und die Kinder auch wieder starten sollen, um zur gegenüberliegenden Seite zu laufen. Nach 7 Runden verkürzt der Trainer die Frequenz um eine Sekunde.
Sollte ein Kind es nicht rechtzeitig über die Linie geschafft haben, muss es zwei Runden aussetzen und darf dann wieder mit der Gruppe mitlaufen. Sollte das Kind dreimal ausgesetzt haben, wird es aus dem Spiel disqualifiziert.

Tipp: Die ausgeschiedenen Kinder sollten die restlichen Läufer motivieren.

Heisse Kohlen

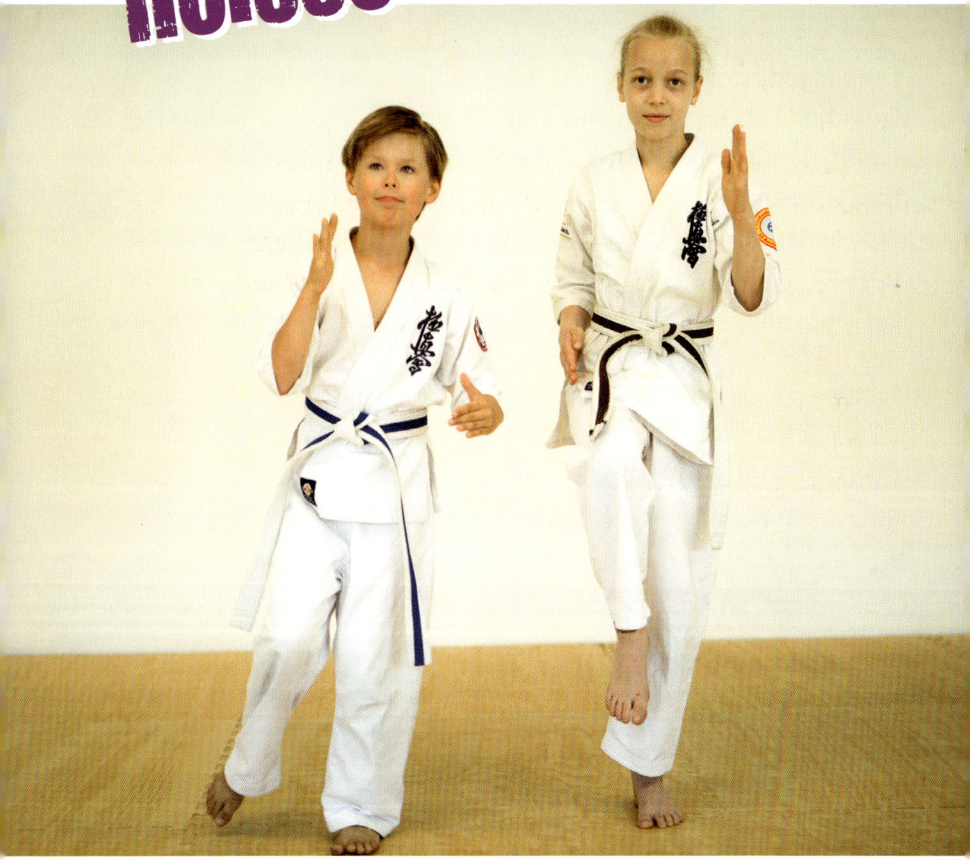

Zielsetzung:	Koordination, Ausdauer, Kraft, Reaktionsfähigkeit, Schnelligkeit
Level:	Anfänger und Fortgeschrittene
Material:	Kein Material nötig

ANLEITUNG:

Alle Kinder verteilen sich im Raum. Die Kinder tippeln so schnell sie können mit ihren Füssen auf und ab, als ob sie auf heißen Kohlen gehen würden. Sie dürfen diese Übung nur unterbrechen, wenn ein Signal vom Trainer kommt. Der Trainer bestimmt zu einzelnen Signalen (z. B. einmal, zweimal, dreimal Klatschen) Reaktionsübungen, wie z. B.:

- um 90 Grad nach links um die eigene Achse drehen,
- um 90 Grad nach rechts um die eigene Achse drehen,
- Tritttechniken,
- Sprawl oder auf den Bauch legen,
- Block-/Verteidigungstechniken.

Wer eine falsche Übung macht, muss 5 Kinder-Burpees machen. Danach darf das Kind wieder mitspielen.

Stille Post in China

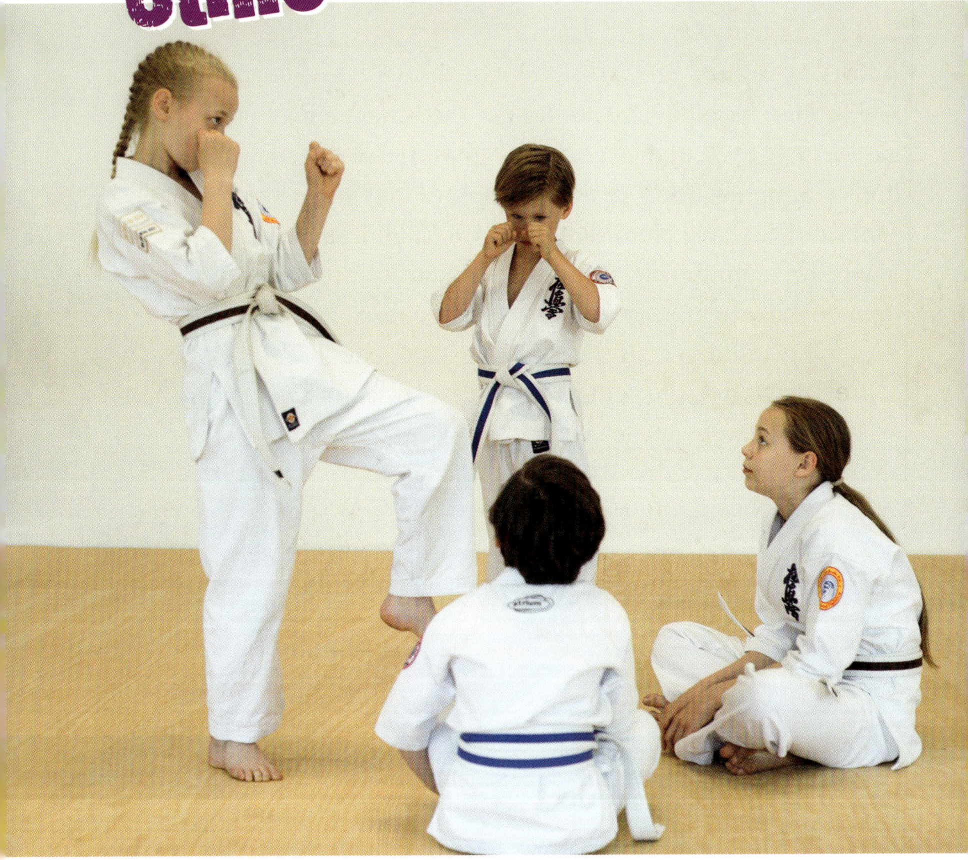

Zielsetzung:	Merken, Sozialkompetenz, Schnelligkeit, Techniken
Level:	Anfänger und Fortgeschrittene
Material:	Kein Material nötig

ANLEITUNG:

Es werden zwei gleich große Mannschaften gebildet. Sie stellen sich jeweils in zwei Kreisen auf und richten den Blick ins Kreisinnere. Sie stehen alle in Kampfposition. Der Trainer bestimmt die Technik, die von dem jeweiligen Team ausgeführt werden muss. Ein Spieler wird ausgewählt, der das Spiel beginnt. Er führt die Technik aus und bestimmt das nächste Kind, indem er dessen Namen ruft. Nach der Technik muss das Kind sich hinsetzen. Folgend muss das gerufene Kind aus dem Kreis die Technik ausführen. Alle im Kreis müssen einmal drankommen. Die Mannschaft hat gewonnen, die als Erste vollständig sitzt.

Option: Wenn die Teams sich für die zweite Runde die Abfolge der Techniken merken konnten, wird die Reihenfolge rückwärts abtrainiert.

Superhelden Academy

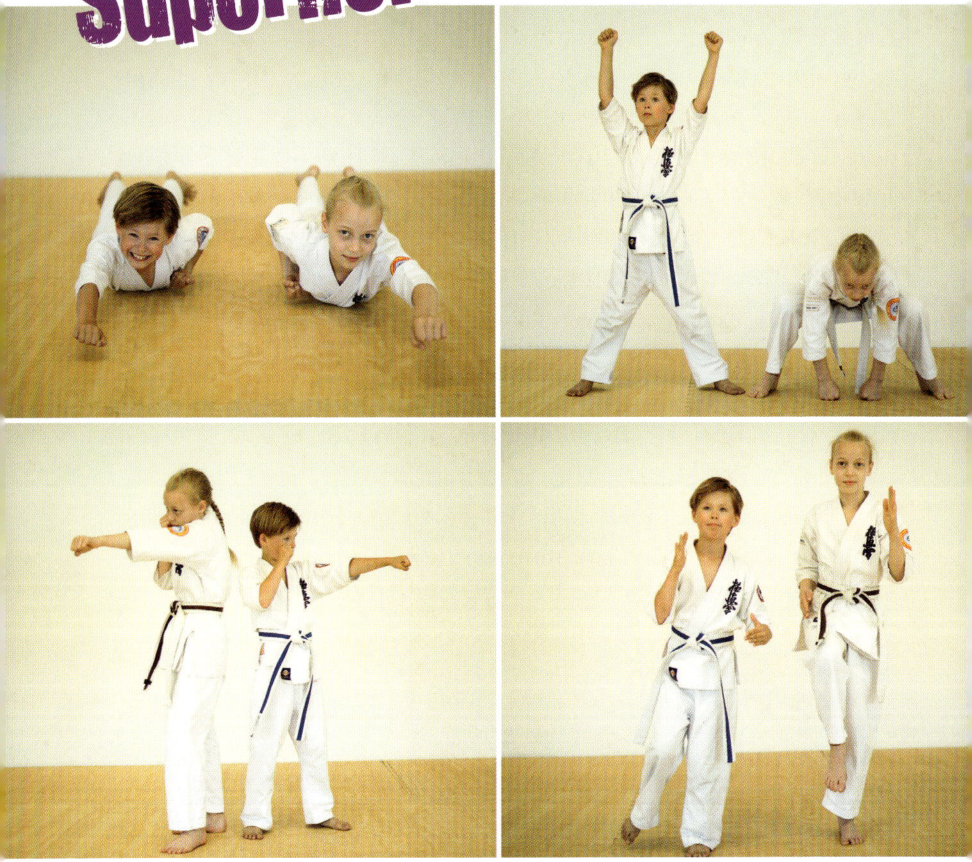

Zielsetzung:	Ausdauer, Kraft, Schnellkraft und Flexibilität
Level:	Anfänger und Fortgeschrittene
Material:	Matten, Bänke, Kästen

ANLEITUNG:

In der Halle gibt es vier Ecken, die jeweils unterschiedliche Aufgaben für Superhelden bereithalten:

Zum Beispiel findet in Ecke 1 das »Hulk-Workout« statt: Die Kinder stehen breitbeinig mit gestreckten Armen über dem Kopf und geballten Fäusten. Beim Ausführen einer Kniebeuge werden die Arme nach unten geführt bis die Fäuste den Boden berühren. Dabei sollte der Rücken gerade bleiben. Die Kinder in dieser Ecke rufen bei der Kniebeuge »Hulk-Smash-Boom«.

In der 2. Ecke befindet sich das »Superman-Workout«: Die Kinder liegen entweder auf einer Bank, einem Kasten oder auf dem Boden und müssen alle Gliedmaßen so anheben, dass sie nur noch auf dem Bauch liegen.

In Ecke 3 ist das »Flash-Workout«: Die Kinder müssen auf einer Matte oder auf dem Boden schnelle Laufbewegungen auf der Stelle machen. Arme sollten als Unterstützung mitbenutzt werden.

In der Ecke 4 ist es zum Beispiel das »Wonder-Woman-Workout«: Die Kinder stellen sich vor, sie würden gegen ihren eigenen Schatten oder einen unsichtbaren Gegner kämpfen. Sie dürfen verschiedene, bereits gelernte Techniken ausprobieren, so gut sie können.

Die Kinder werden zuerst in gleich große Gruppen aufgeteilt und geben ihrem Team einen Superhelden-Namen. Jede Ecke muss von jeder Gruppe absolviert werden. Nach 1 Minute wird die Ecke gewechselt. Der Trainer beobachtet währenddessen die Gruppen und bestimmt die »fitteste« Gruppe zum Schluss. Diese Gruppe darf dann entscheiden, welche Ecke von allen anderen als »Strafrunde« geleistet werden muss.

Flip Flop

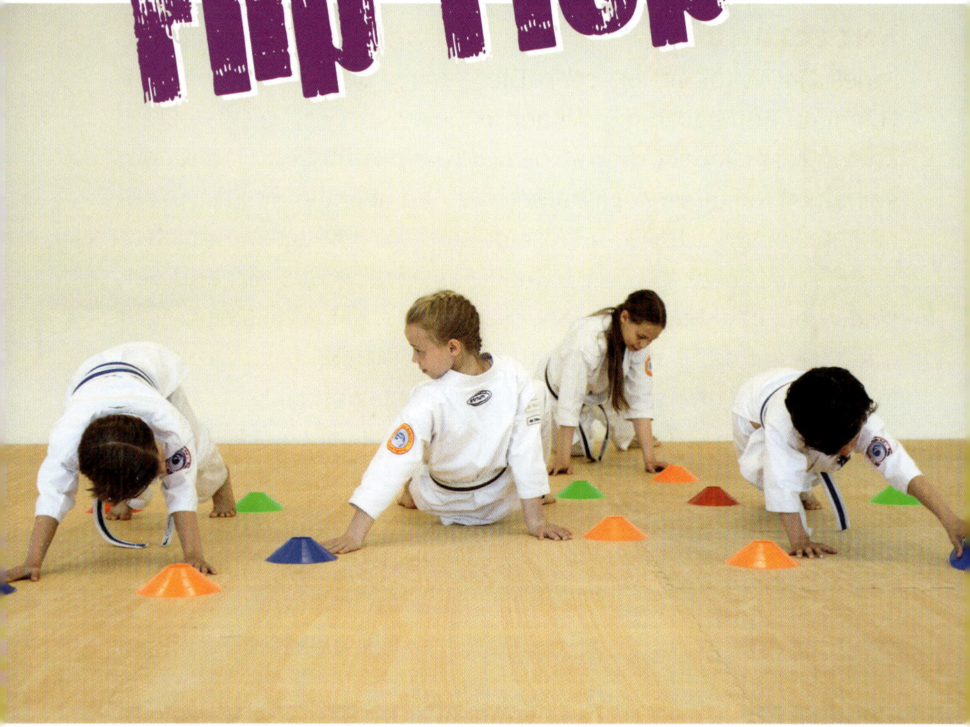

Zielsetzung:	Flexibilität, Ausdauer, Kraft, Konzentration
Level:	Fortgeschrittene
Material:	Hütchen, Lauf-Hindernisse

ANLEITUNG:

Jedes Kind erhält vier Hütchen. Die Hütchen werden zu den beiden Händen und Füssen der Kinder in Liegestützposition verteilt. In dieser Position muss das Kind nach und nach die Hütchen von seinen Gliedmaßen wegschieben. Das heißt, das Hütchen an der rechten Hand wird auch nur von der rechten Hand weggeschoben – weg vom Körper. Wenn alle Gegenstände weggeschoben worden sind, dreht das Kind sich um in die »Spinnenposition« (Po ist in der Luft, Hände und Füße berühren den Boden, Bauch zeigt zur Decke). In dieser Position werden alle Gegenstände wieder hergeholt. Ziel ist es, 1–3 Minuten lang die Aufgabe zu erfüllen und dabei nur mit den Händen und den Füssen den Boden zu berühren ohne aufzugeben.

Die goldene Schriftrolle

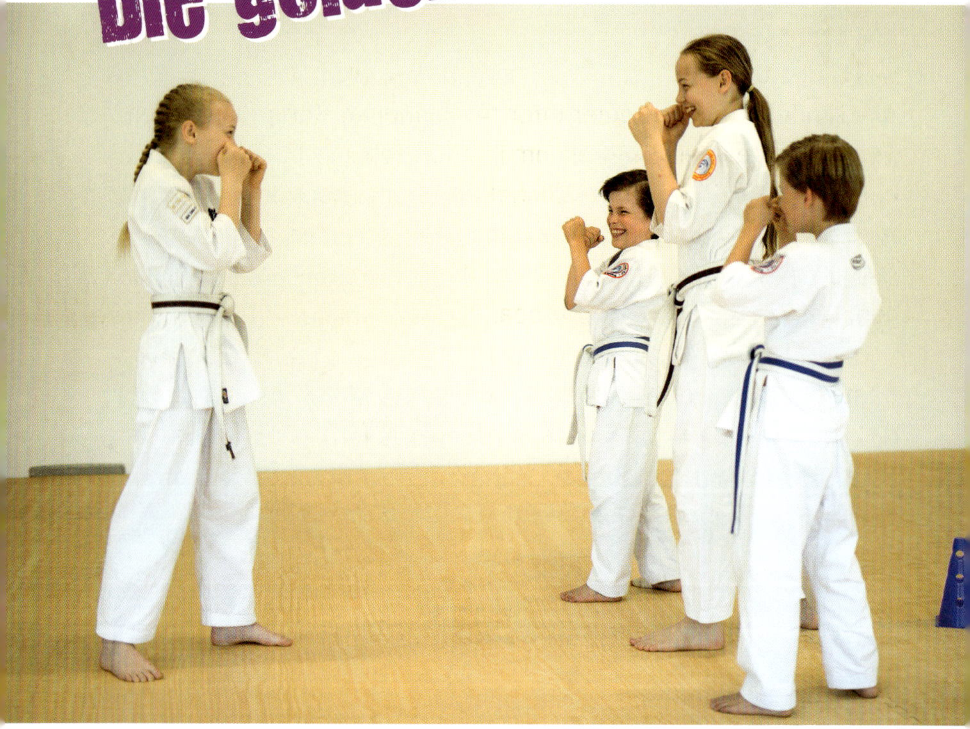

Zielsetzung:	Kooperation, Teamfähigkeit, Verantwortung, Wahrnehmung, Reaktionsvermögen, Ausdauer
Level:	Fortgeschrittene
Material:	Hütchen oder Papierrolle

ANLEITUNG:

Alle Kinder stehen in einer ihrer traditionellen Kampfpositionen, Seite an Seite in einem Kreis um ihren Schatz herum. Dieser kann ein Hütchen sein, ein aufgerollter Papierzettel oder ähnliches. Die Kinder bewachen den Schatz. Ein Spieler wird als Dieb herausgesucht. Nun muss der Dieb versuchen, an den Schatz zu gelangen. Der Trainer gibt eine Zeitspanne an, in der der Diebstahl gelingen muss, z. B. 15 Sekunden. Schafft es der Dieb, die Schriftrolle zu stehlen, muss die Gruppe 10 Kinder-Burpees machen. Sollte es dem Dieb nicht gelingen, muss er 10 Kinder-Burpees machen.

Häschenspiel

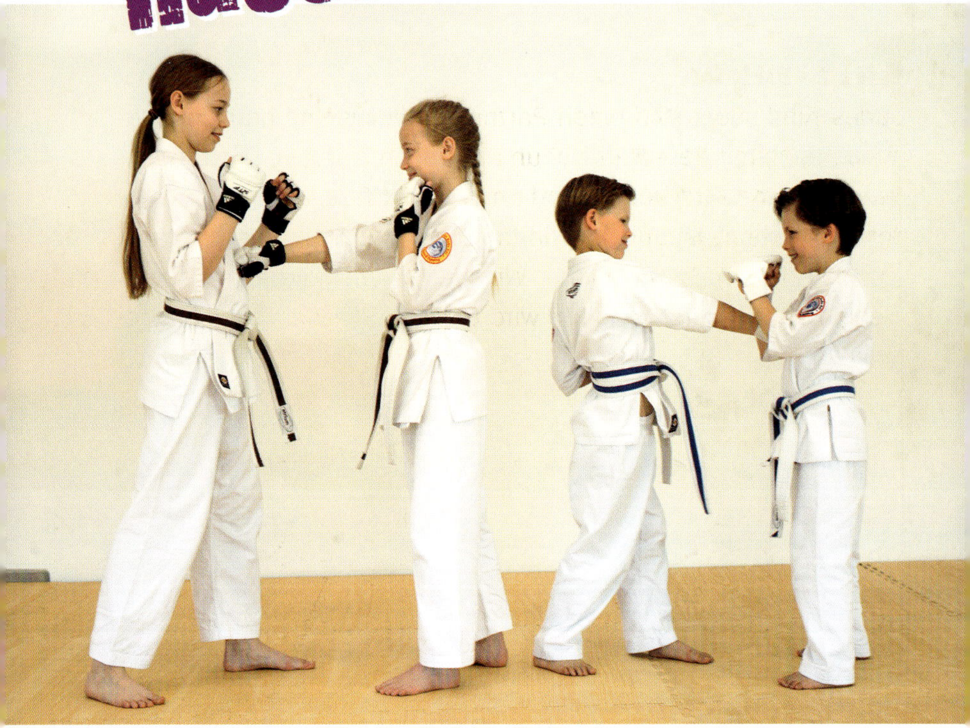

Zielsetzung:	Kraft, Ausdauer, Stressbewältigung, Empathie, emotionale Kontrolle, Vertrauen
Level:	Fortgeschrittene
Material:	Handschuhe

ANLEITUNG:

Jedes Kind sucht sich einen Partner. Abwechselnd berühren die Kinder sich mit dem Handschuh am Bauch bis die Berührung zu einem Schlag wird. Jedes Kind entscheidet für sich, wann die Intensität zu hoch ist und darf dann »Häschen« rufen. Somit hat der Partner die Runde gewonnen. Wichtig ist, dass die Intensität zu Beginn ganz niedrig gehalten wird und die Steigerung ganz langsam erfolgt.

Jedi der Kokosnuss

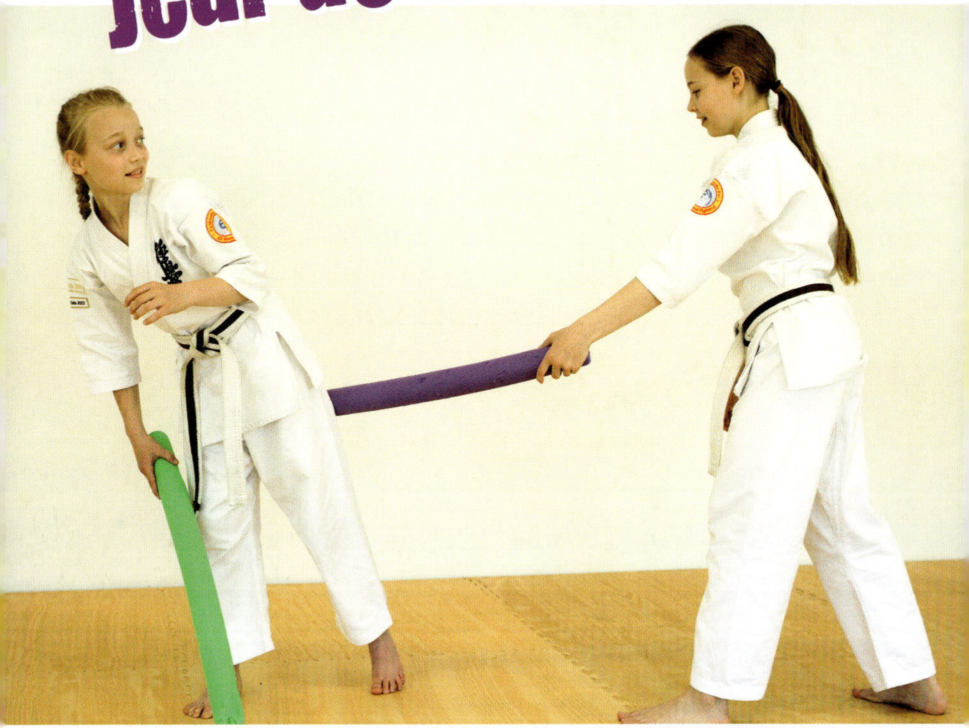

Zielsetzung:	Koordination mit einem Gegenstand, räumliche Orientierung, Auge-Hand-Koordination, Schnellkraft, Geschicklichkeit, Ausdauer, Schwerttechnik
Level:	Fortgeschrittene
Material:	Schwimmnudeln, Gummi-/Holzschwerter

ANLEITUNG:

Die Beine und Arme werden als Trefferzone bestimmt und jedes Kind bekommt entweder eine Schwimmnudel (max. 50 cm groß), ein Holzschwert oder einen Stock. Die Kinder dürfen mit gelernten Techniken blocken und parieren und sich vor Angriffen schützen. Sollte das Bein oder der Arm getroffen worden sein, darf er zum Laufen oder blocken nicht mehr genutzt werden. Bei der Waffenhand darf nicht mehr angegriffen werden. Sollten beide Beine getickt sein, darf das Kind nur noch auf der Stelle in Kampfposition verteidigen und angreifen. Sind alle Trefferzonen getroffen, muss das Kind vom Spielfeld gehen und Hampelmänner machen bis die Runde vorbei ist. Das letzte Kind im Spiel oder mit den meisten nicht getroffenen Trefferzonen hat gewonnen.

Liegestütz-Pyramide

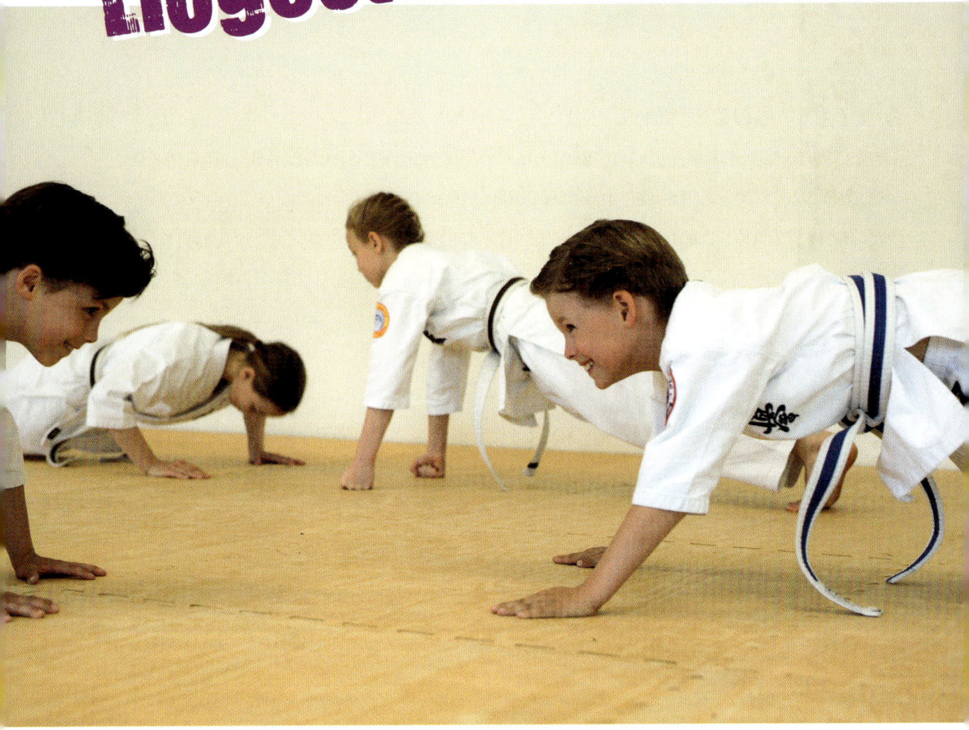

Zielsetzung:	Kraft, Ausdauer, Teamfähigkeit
Level:	Fortgeschrittene
Material:	Kein Material nötig

ANLEITUNG:

Jedes Kind sucht sich einen Partner auf seiner Fähigkeitsstufe. Zu Beginn startet das eine Kind mit einem sauberen Liegestütz. Darauf folgt der Liegestütz von seinem Partner. In Runde 2 machen die Kinder jeweils zwei Liegestütze hintereinander. Ziel ist es, die meisten Liegestütze gemeinsam hintereinander zu erreichen. Gegenseitig können die Partner sich korrigieren, damit die Übungen sauber aufgeführt werden.

Peter Pan und sein Schatten

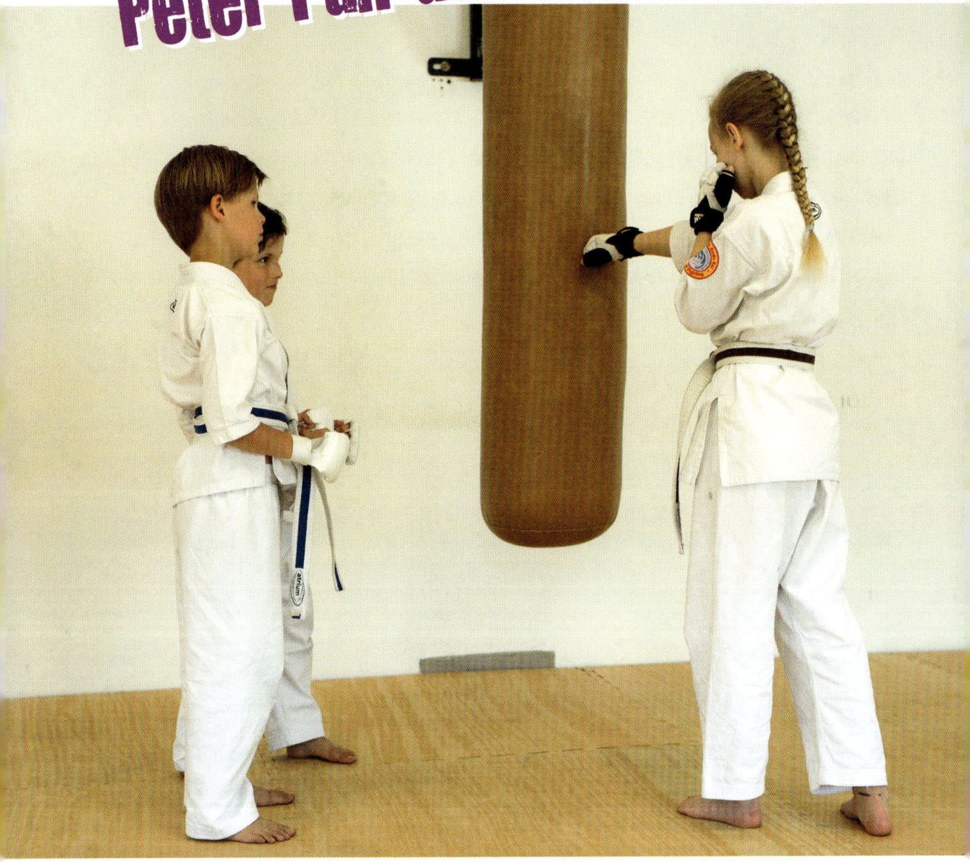

Zielsetzung:	Schlagtechniken, Schlagkraft, Kraftausdauer, Memorieren
Level:	Fortgeschrittene
Material:	Boxsack und Handschuhe

ANLEITUNG:

Die Kinder werden in 2–3 Gruppen mit Boxhandschuhen an einem Boxsack positioniert. Ein Kind wird herausgesucht und macht seinen Teammitgliedern unterschiedliche 3er-Schlag-Kombinationen vor. Diese müssen die anderen am Boxsack direkt nachmachen. Nach einer Minute wird getauscht. Dann darf ein anderes Mitglied die Schlag-Kombinationen vormachen.

Optional können auch Tritte kombiniert werden.

Ping Pong Pro

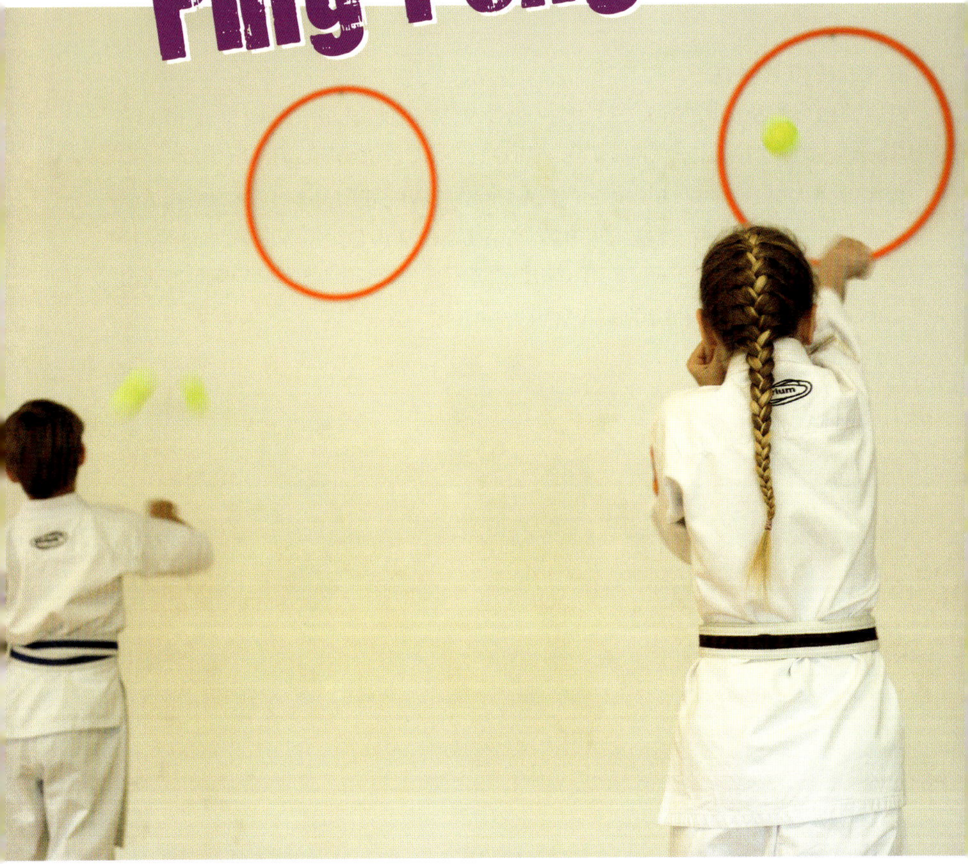

Zielsetzung:	Reaktionsvermögen, Auge-Hand-Koordination, Schlagtechnik, Konzentration
Level:	Fortgeschrittene
Material:	Pro Kind ein Tennisball

ANLEITUNG:

Der Trainer setzt einen Bereich an der Wand fest, den der Tennisball berühren darf (optional: Kopfhöhe). Der Tennisball wird wie im Tennis beim Aufschlag hochgeworfen, jedoch wird der Ball mit der Faust Richtung Wand geschlagen. Ziel ist es, 5–7 Mal die Wand in Folge zu treffen. Der Ball darf nur aus einer sauberen Kampfposition und mit einem sauberen Schlag getroffen werden.

Boden Pong Pro

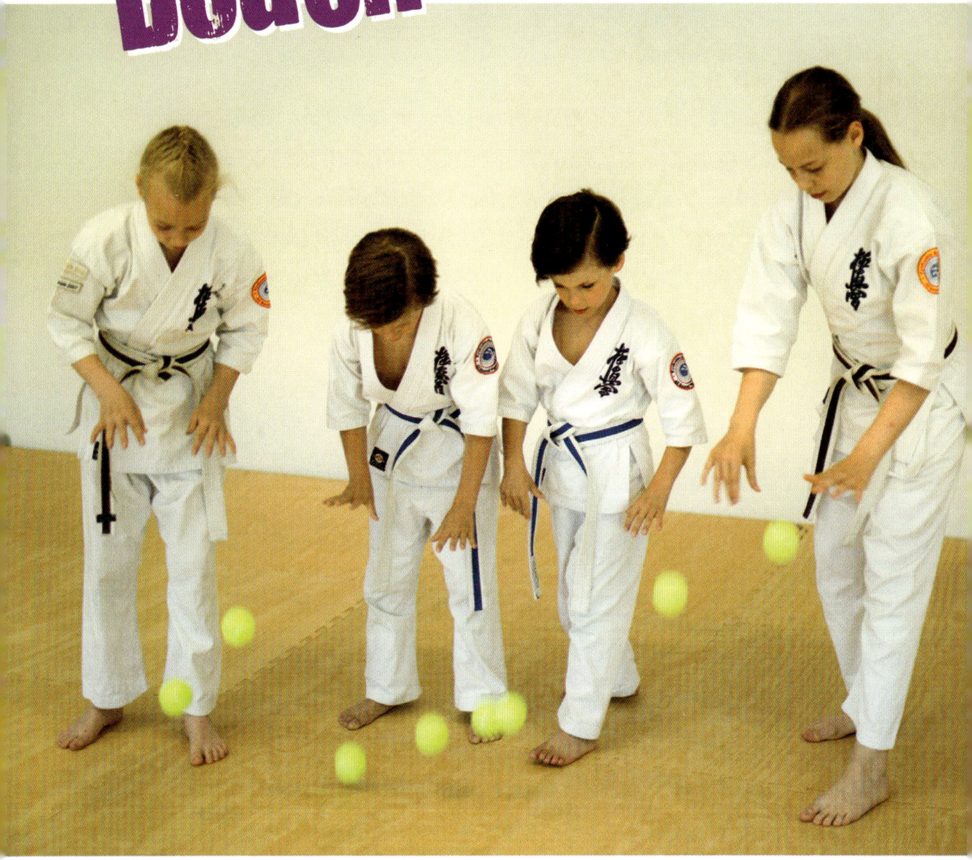

Zielsetzung:	Auge-Hand-Koordination, Wahrnehmung, reflexartige Muster, Dynamik, Schnellkraft, Konzentration
Level:	Fortgeschrittene
Material:	Tennisbälle

ANLEITUNG:

Jedes Kind erhält zwei Tennisbälle, die es auf den Boden prellen soll. Es gilt, dass die Bälle nie gleichzeitig den Boden berühren dürfen und dies 60 Sekunden lang zu schaffen. Hier können wieder Modifikationen zur Erhöhung des Spielniveaus beitragen:

- Die 60 Sekunden müssen eigenständig im Kopf gezählt werden.
- Sobald die Musik stoppt, müssen die Bälle festgehalten werden (ähnlich wie beim Stopptanz).
- Hinsetzen und wieder aufstehen.
- Mit einem weiteren Kind die Bälle in Absprache wechseln.

Spionball

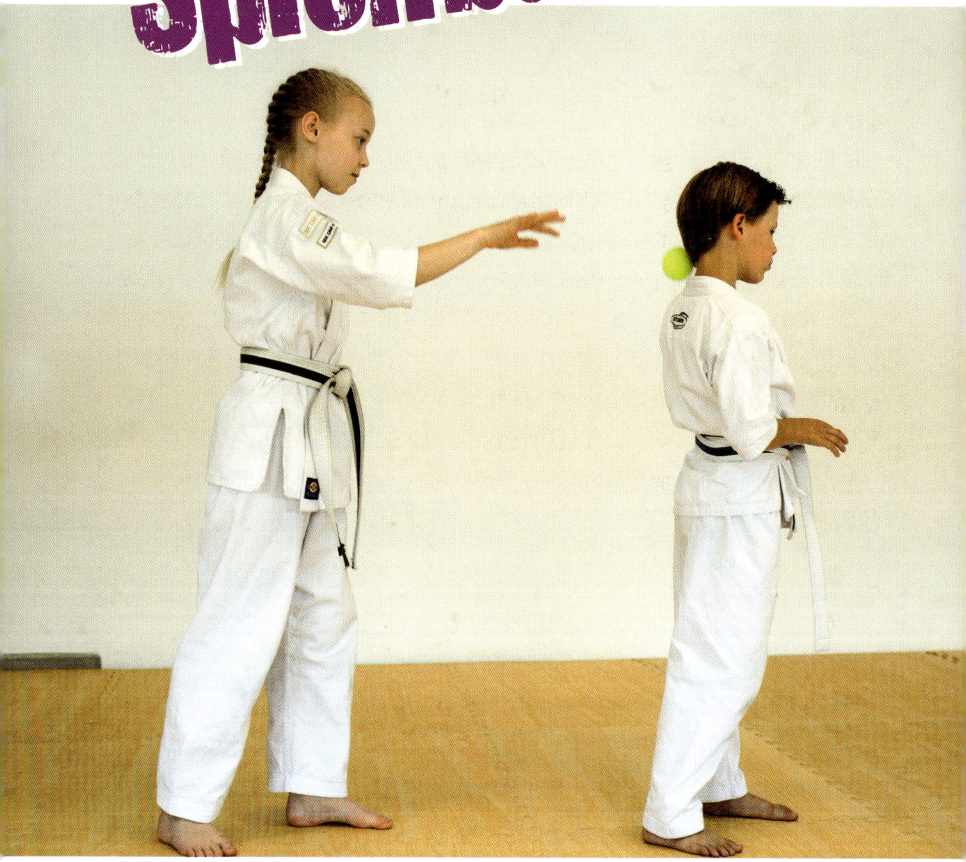

Zielsetzung:	Schnelligkeit, Auge-Hand-Koordination, Kraft, Zielgenauigkeit, Konzentration, Wahrnehmung, Schlagkraft
Level:	Fortgeschrittene
Material:	Pro Kind ein Ball

ANLEITUNG:

Die Kinder dürfen sich einen »Erzfeind« heraussuchen und bekommen einen Ball. Es gilt, sich frei in der Halle zu bewegen und bei einem Signal den »Erzfeind« zu lokalisieren. Das Kind muss seinen Namen rufen und ihm den Ball zuwerfen. Wird der Erzfeind getroffen, ohne dass er den Ball fängt, muss der Erzfeind 5 Kinder-Burpees machen. Sollte der Erzfeind fangen, muss der Werfer 5 Kinder-Burpees machen. Sollte ein fremdes Kind getroffen worden sein, muss der Werfer zur Strafe 10 Kinder-Burpees (ggf. zusätzlich) machen.

Wetttreten

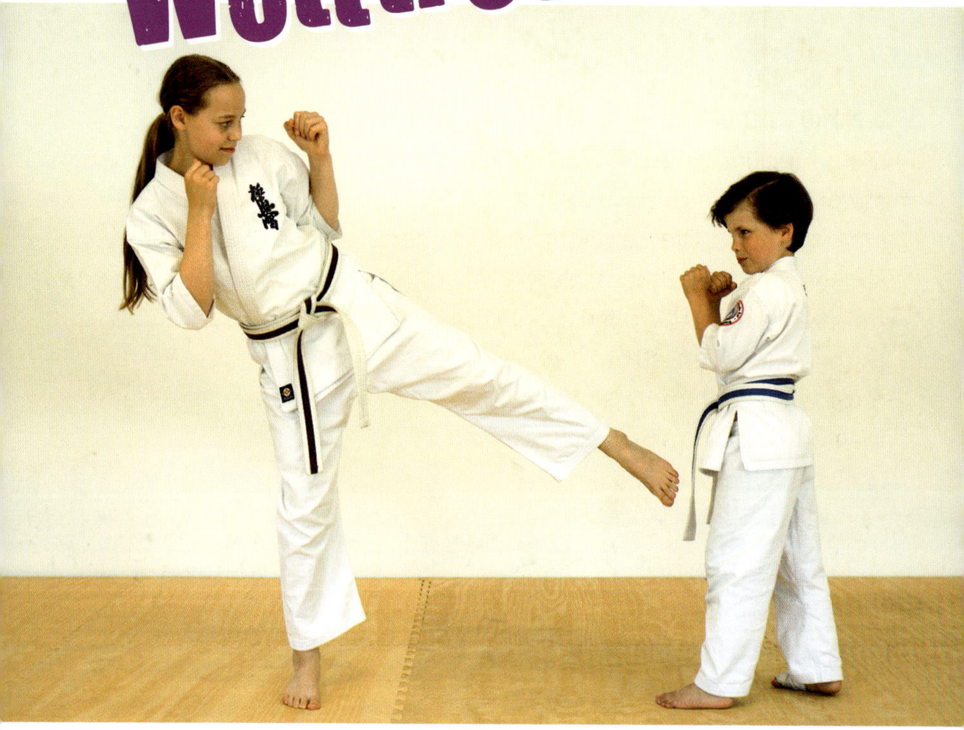

Zielsetzung:	Technik, Distanz einschätzen, situatives Handeln, Kraft, Schnelligkeit
Level:	Fortgeschrittene
Material:	Kein Material nötig

ANLEITUNG:

Die Kinder suchen sich einen Partner und stellen sich in einer Kampfposition gegenüber. Nun geht es darum, eine Minute lang abwechselnd Tritte zu vollführen. Hierbei soll der Partner nicht getroffen werden. Die Bewegung soll sauber und schnell ausgeführt und kurz vor dem Berühren angehalten werden. Es gilt, immer den gleichen Abstand zum Partner einzuhalten, damit der eigene Tritt den richtigen Abstand hat. Optional kann es auch um eine spezielle Tritt-Technik gehen. Das Team zählt die ausgeführten Tritte. Das Team mit den meisten Tritten gewinnt.

DANKSAGUNG

Der Weg eines Kampfsportlers und Lehrers ist gesäumt von vielen Menschen und Momenten, die beflügeln und inspirieren. Wir wollen uns als Autoren bei allen unseren Trainern und Meistern bedanken, für Ihren Glauben an unsere Fähigkeiten, Ihre Geduld und Beharrlichkeit in unserer Ausbildung. Ebenfalls gilt unser Respekt unseren Eltern, die niemals aufgehört haben unseren steinigen Weg zu begleiten und uns die Realisierung unserer Träume ermöglicht haben. Als Trainer, Mentor und Wegweiser für Kinder stehen diese für uns im Zentrum. Jeden Tag geben sie uns Antrieb, Freude und Anlass, uns ständig weiterzuentwickeln. Am Ende unseres Bemühens stehen stets die kleinen Kämpferherzen, die uns mit ihrem Frohsinn, ihren Fragen und ihrem Vertrauen dazu bringen, die Welt ein Stück besser zu machen.

> *»Als Kind ist jeder ein Künstler, die Schwierigkeit besteht darin, als Erwachsener einer zu bleiben.«*
>
> Pablo Picasso

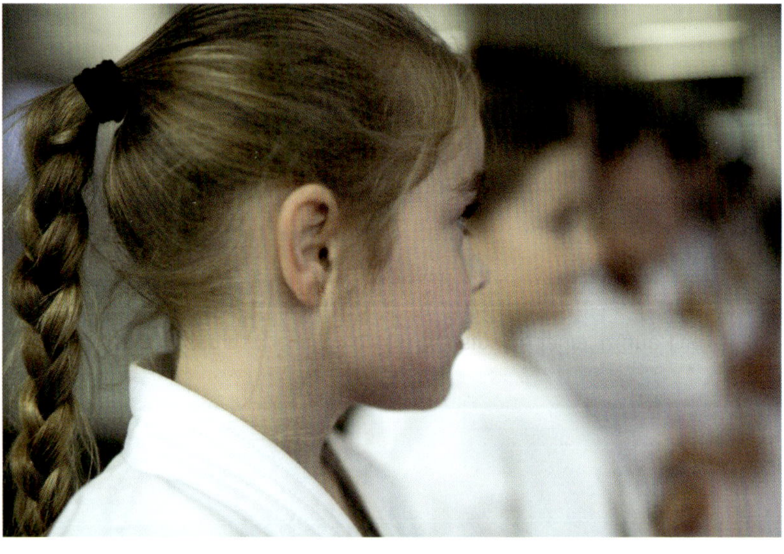

ÜBER DIE AUTOREN

Yasmin Faslija begann mit dem Leistungssport im Alter von 5 Jahren und trainierte im Jugendalter bereits ihre ersten Gruppen im Kampfsport. Nach ihrer Ausbildung zur Sport- und Fitnesskauffrau und erwarb sie die Fitnesstrainer-Lizenz und den Schwarzgurt in Gong Fu. Sie gründete »Self Defense Hamburg« und arbeitete freiberuflich in Bereich Selbstverteidigung und Martial Arts. Ihre Workshops und Kurse wurden bisher von mehr als 20 Schulen und Kitas in Hamburg und Umgebung gebucht. Ihre regulären Kurse finden in Vereinen und Jugendeinrichtungen wöchentlich statt.
Mittlerweile trägt sie den Titel »Shifu« im Gong Fu und ist Vorstandsvorsitzende von »International Arts of Defense e.V.«.
2016 veröffentlichte sie ein Kinderbuch über die Entstehungsgeschichte des Gong Fu und studierte nebenbei an der Universität Hamburg Erziehungswissenschaften, Soziologie und Sport. Derzeit ist sie zudem als Grundschullehrerin an einer Schule in Hamburg tätig.

Markus von Hauff betreibt seit über 30 Jahren Kampfsport in verschiedenen Disziplinen. Nach seiner zwölfjährigen Laufbahn als Offizier und dem abgeschlossenen Pädagogikstudium gründete er in Hamburg den gemeinnützigen Verein »Atrium Sports e.V.«, wo er seine Erfahrungen mit in den Lehrbetrieb einfließen lässt. Als Schwarzgurtträger in neun verschiedenen Kampfkünsten verfügt Markus von Hauff über ein reichhaltiges Wissen rund um den Sport, das er an Kinder, Jugendliche, Erwachsene und auch Behörden weitergibt. So arbeitet er außer in der Kinder- und Jugendarbeit auch als Referent bei diversen polizeilichen und militärischen Einheiten (Fremdenlegion) in den Bereichen »Nahkampf und Selbstschutz«. In seiner Promotion an der Sporthochschule Köln widmet er sich besonders dem Thema der Charakterbildung durch den Kampfsport, was nicht zuletzt Anlass für das vorliegende Buch war. Der tägliche Umgang mit Kindern im Training und die pädagogische Arbeit bei »Atriums Sports e.V.« machen Markus von Hauff zu einer Anlaufstelle für viele Eltern, Lehrer und Bildungsträger rund um das Thema Sport und Erziehung von Kindern. Bekannt aus verschiedenen Veröffentlichungen zu Themen der Selbstverteidigung, erarbeitet Markus von Hauff Lehr- und Erziehungspläne, die von Bildungseinrichtungen mit unterschiedlichen Zielsetzungen umgesetzt werden.

WEITERE INTERESSANTE BÜCHER ZUM THEMA

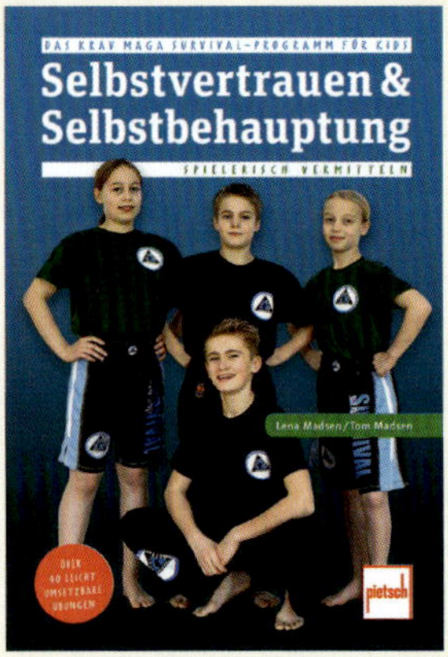

Selbstvertrauen & Selbstbehauptung
Dieses Buch hat zum Ziel, Kinder durch Befähigung zum Selbstschutz vor Übergriffen zu schützen. Mit Übungen für zu Hause, im Kindergarten, in der Schule oder im Sportkurs.

144 Seiten, 142 Bilder, Format 140 x 205 mm
ISBN 978-3-613-50847-7
€ 14,95 / € (A) 15,40

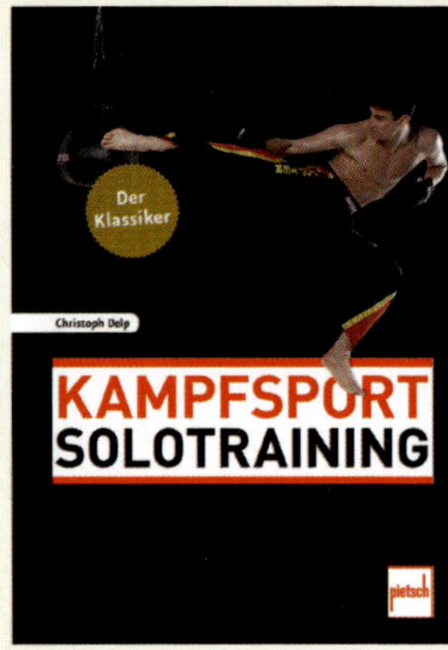

Kampfsport Solotraining
Gezieltes Solotraining lohnt sich, um Kampftechniken zu üben, die Technik zu verbessern, oder um Kraft und Ausdauer zu trainieren.

144 Seiten, 294 Bilder, Format 170 x 240 mm
ISBN 978-3-613-50858-3
€ 19,95 / € (A) 20,60

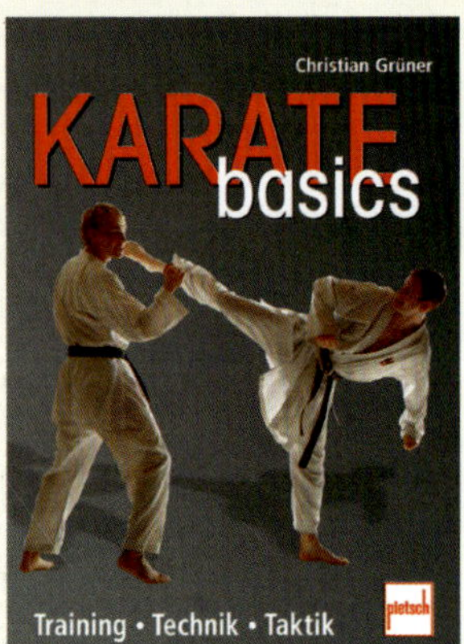

Karate basics
Karate zählt zu den populärsten Kampfsportarten im deutschsprachigen Raum. Der Gegner soll waffenlos besiegt werden. Dieses Grundlagenwerk weist den Weg vom Einstieg bis zur Grüngurtprüfung.

176 Seiten, 250 Bilder, Format 170 x 240 mm
ISBN 978-3-613-50652-7
€ 19,95 / € (A) 20,60

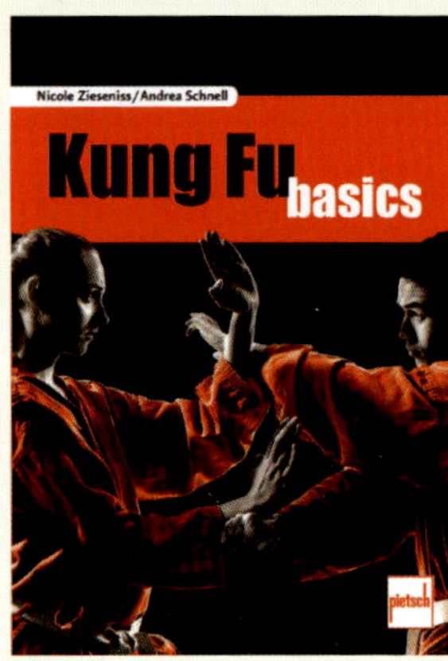

Kung Fu basics
Kung Fu ist weit mehr als nur ein Sport. Dieser Ratgeber richtet sich an alle Hobbyssportler, die mehr über ihre Kampfkunst erfahren wollen, unterstützt jedoch auch bei der theoretischen Prüfungsvorbereitung.

208 Seiten, 148 Bilder, Format 170 x 210 mm
ISBN 978-3-613-50812-5
€ 24,90 / € (A) 25,60

Stand Oktober 2018
Änderungen in Preis und Lieferfähigkeit vorbehalten.

Überall, wo es Bücher gibt, oder unter
WWW.MOTORBUCH-VERSAND.DE
Service-Hotline: 0711/78 99 21 51

pietsch